편지는 쓸 게 못 되더라

편지는 쓸 게 못 되더라

황종우 시음

다산글방

차례

1. 글을 시작하기 ······ 5
2. 사람을 만나다 ······ 7
3. 삶의 향기 ······ 11
4. 걸어 다니며 ······ 15
5. 청춘 ······ 21
6. 날씨와 인간 ······ 27
7. 이름(Name) ······ 33
8. 스포츠 ······ 39
9. 언어와 이야기 ······ 45
10. 새로운(미지의) 세계 ······ 49

11. 관계 ······ 57
12. 지역 ······ 67
13. 삶 ······ 73
14. 음식 ······ 83
15. 주변인 ······ 91
16. 사람 ······ 103
17. 특수한 너와 나 ······ 111
18. 군대와 영상매체 ······ 123
19. 해외 ······ 133
20. 끝내기 ······ 139
21. 여인 ······ 151

1. 글을 시작하기

1) 기상이변과 가을비

태풍은 오지 않고 10월에 비가 자주 내린다. 기이변인지 새로운 날씨 지도가 만들어지고 있는 것인지 늦가을 더위에서 침울한 검은 구름이 낀 세계로의 변화가 심한 기후현상이 전개되고 있다.

2) 글쓰기 의의

그동안의 살아온 경험담이나 나의 삶, 과거에 생각나는 것 그리고 여행을 한 후에 생각나는 것을 펜 가는 대로 적어 본다. 사람들은 책을 많이 읽으면 글이 나온다고 믿는다. 맞는 말이다. 하지만 요즘 책 읽는 사람은 드물다. 버스나 지하철에서 스마트폰을 보는 사람이 대다수. 책을 읽는 사람은 간혹 볼 수 있다. 영상을 보면서 글을 쓰는 경우가 많다. 글 가는 대로 적는 것이 에세이고 수필이다. 글 쓰는 재주가 없지만 약간의 생각과 추억을 담아본다. 내가 비행기를 타고 외국에

나가지 않아도 그동안 습득한 지식과 영상매체(영화, Cinema)를 통하여 나에게 들어온 정보를 적어본다.

2. 사람을 만나다

1) LYH

부동산 상가 전문회사에 입사하니 LYH라는 본부장이 있었다. 그저 키가 크고 예쁜 아줌마. 체육대회 할 때에 족구 경기할 때에 응원을 열심히 하는 부동산 공인중개사이다. 지금도 송파구 송파동에 그 부동산 기업이 있는지는 본인은 모름.

또한 한국방송공사 아나운서 LYH가 있더라. 마른 체격에12시 뉴스라인(News Line)을 진행하고 경제 관련 프로를 진행하는 뇌색녀(명문대학 졸업생)인 듯싶더라.

2) 폭염이 오다

어제가 대서였다. 비는 오지 않는구나. 온열질환자가 속출하고 물을 자주 마셔주라고 방송을 보니 말을 한다. 아침에는 안개가 자욱하고 저녁에는 열대야이다. 우리나라가 뜨거워진 것인가? 밤에는 별이 빛나고 있는 7월의 셋째 주이다.

3) 대구볼찜

산청군 신안면 문대마을에 대구볼찜이라는 식당이 있다. 누나 내외와 조카와 함께 식당에 들어 가니 "신발을 신고 들어오라"고 여직원이 말을 한다. 메뉴를 보니 대구볼찜과 대구탕 두 가지였다. 우리는 대구볼찜 대(큰 것)를 시켰고 고니를 추가하였다. 주변의 테이블에는 예약 주민의 자리가 있었고 그 위에 그릇이 놓여 있었다.

대구라는 것은 큰 입을 가진 물고기이다. 대구는 거제도 인근에 많이 잡히는 생선으로 그동안 제사상이나 단계 전통시장의 생선 코너에서 구경을 못한 바다 어류이다. 분홍색의 국이 있었다. 콩나물에다가 대구를 넣은 국이었다. 음식이 약간 매우니 국을 숟가락으로 떠 먹으니 시원했다. '고니'라는 것은 대구의 내장을 의미하는데 하얗고 부드러웠다. 조카는 분홍색 국을 못 먹는다고 한다.

그동안 진주 시내를 버스를 타고 가거나 걸어 갈 때 '대구' 관련 식당을 못 보았다. 조카에게 "먹어보았냐"고 질문을 하니 "회사에서 점심시간에 먹어보았다"고 대답을 한다. 그리고 카운터 옆에는 메리로즈라는 것을 판매하던데 눈에 좋은 것이라고 하여 가까이 가서 보니 꽃이었다.

자형의 차에 타고 식당의 간판을 보니 '김복희'라는 이름과 상표, 창업문의가 표시 되어있는 프랜차이즈 식당이었다.

그런데 옆 상가는 노랑통닭 치킨집도 새로 생겼더라. 원지에서 버스를 타기 위해 전류장에서 현수막을 본 간판이었다.

4) 평거동 DH아파트 OO호

나의 중학교 친구 K의 아파트 인근에 진주문고 본점이 있다. 진주 서부도서관에서 공부를 하다가 그녀의 카톡이 없어졌더라. 그리고 문자를 보내도 답장이 안 왔다. 답장을 하는 여자 친구였는데, 내가 싫어져서 그런 것일까 생각을 했다. 그녀의 아파트로 찾아가니 가스 점검일이 1월달까지 체크되어 있었다. 벨을 눌러도 사람은 없었다. 영어교사 문구는 있었다. 그녀의 남편은 KAI에 근무하는데 무슨 문제가 있는 것인지….

전화도 되지 않는다. 신안동이나 평거동을 보면 영어와 수학 학원이 많은데 대학에서 독어독문학을 공부한 그녀가 사업이 안 되었던 것일까?

3. 삶의 향기

1) 닭의 목을 비틀어도 새벽은 온다

이 명언은 김영삼 전대통령이 했던 말이다. 군사정부와 맞서면서 민주화를 시도했고 정치활동을 하면서 많은 시련을 겪었고 단식을 자주 했던 정치인 좌형우, 우동영이었는데 두 측근은 고생을 했는지 일찍 별세하였다.

군사정부와 맞서 한국에 민주주의를 탄생시킨 한 민주투사였던 그분이 한 명언이 생각난다

2) 무인

백화점이나 대형마트에 가면 기업의 이름과, 회사명과 제품을 사용하는 것이 보통이다. 글자를 많이 보면 머리가 복잡해지고 어려운 것이 보통이다. 컵에 아무것도 제품에 글자가 새겨져 있지 않은 제품이 고가의 제품이더라. 그런 것이 마음에 들더라.

3) 바삭바삭 돈가스

　산청군 신안면 하정리 원지마을 우체국 근처에 돈가스식당이 있다. 군내버스 시간이 남아서 LKK 사장이 운영하는 그 식당으로 가니 손님이 많았다. 가족 단위로 두 테이블을 차지하였고 농협직원도 식사를 하고 있었다. 1시 40분에 버스 시간이 있다고 서빙하는 여직원에게 말을 하니 20분 전에 나왔다. 그 식당에서는 K-pop 가수의 음악을 들러주고 있었다.

4) 캄보디아 음식

　캄보디아의 대표적인 음식은 삼로조롱이 있다. 동남아시아는 무더운 날씨이다. 해산물에다 젓갈 등을 넣고 그것을 대나무에 넣는다. 그 대나무를 숯불에 30분 정도 가열하면 맛있는 음식이 된다. 이러한 음식을 만드는 방법, 특히 대나무에다가 음식을 넣어서 불에 익혀서 먹는 방법은 중국의 소수민족들이 먹는 방법으로 그들과 유사한 것 같다.
　그리고 캄보디아는 이웃의 베트남이 공산화 됨으로써 내전을 겪고, 가난한 나라인데 국민들은 먹을 것이 없어서 거미를 잡아서 파는 상인들도 볼 수 있다. 물론 열대지역의 거미는 우리나라의 거미와 다르다.

5) 무명

진주교육대학교 사범대학교 부속 초등학교에 가면 바위에 무명이라는 글자가 새겨져 있다.

"무명." 이름이 없다는 말인데 어려우면서 쉬운 압축적이고 철학적인 문구이다. 또한 국가정보원에도 무명이라는 문구가 새겨져 있는 것으로 알고 있다.

6) 현수막

면사무소 소재지의 초등학교 측면에 차량이 많이 다니는 곳이라서 그런지 현수막이 아주 많다. 10일간의 추석 연휴라 "즐거운 추석을 보내라"는 글귀이다.

내가 알기로는 현수막은 지정된 장소에 한정되어 광고가 허락된 것으로 알고 있다. 대학 총장님의 이름이 선명하게 기억으로 들어온다. 현수막의 난립이다.

4. 걸어 다니며

1) 이교마을

군내버스 첫차를 타기 위해 법물마을로 갔다. 시간이 30여 분 남아서 걸어서 약수터에서 물을 마시고 이교마을로 걸어갔다. 동네 아래에는 새로운 주택이 있었다. 논이 경지정리가 안 된 다락논이었다. 논두렁을 도로 쌓아져 있었다. 벼의 색상은 연한 노란색을 띠었고 공기가 맑았다. 걸어가니 중년의 남자가 운동을 하고 내려오고 있었다.

SJK가 살았던 마을이다. 마을 회관에 도착하니 할머니와 할아버지가 버스를 기다리고 있었다. 이교마을 뒤에는 높은 산이 있었고 회관을 기준으로 넓은 논과 소나무와 입구에는 넓은 주자창이 있었다.

2) 노브랜드(No Brand)

기업은 브랜드의 가치를 상승시키기 위해 회사를 끊임없이 홍보하고 광고를 한다. 개인이 자신의 이름을 널리 알리려 한다. 어떤 마트에 가니 노브랜드(No BRAND)라는 마트가 있더라. 대형 할인점이더라. 참으로 브랜드화 되어가고 있는, 영어 그 자체를 보니 브랜드가 없다는 말인데, 아주 역설적인 기업의 상호이고 참신한 브랜드라고 생각한다. 제품은 저렴하고 손님이 많은 것을 볼 수 있었다.

3) 노르웨이(Norway)

유럽의 북쪽에 있는 노르웨이에는 '프레이케스토렌'이라는 604m의 바위산이 존재한다. 노르웨이인들은 신이 만든 놀이터라고 한다. 아름다운 호수가 사람의 눈을 즐겁게 해주고 호수가 많은 국가 노르웨이, 겨울이 되어도 해안가는 따뜻하다고 한다. 지도상으론 덴마크보다 위쪽에 있지만 따뜻한 난류가 흐르기에 해안선을 따라서 도시가 형성되어 있다.

노르웨이에 극야 현상이 나타나는 시기에는 젊은이들이 나무로 만든 목조로 대형 탑을 쌓는다. 그리고 축제 때 그 목조의 위에 불을 지피어 해가 없는 극야에 태양의 역할을 하는 불이 빛난다. 아니, 눈부시다.

노르웨이의 나무들은 대부분 침엽수이다. 그래서 주변 환경이 다소 차가운 느낌이 드는 산과 나무라고 생각한다. 북부 해안가는 난류가 흐르기 때문에 산악지대보다 온난하여 사람들이 많이 살고 있는

지역이다. 호수가 많은 국가 노르웨이, 동계 올림픽에서 금메달을 많이 따는 나라이다.

4) 대톱(Large Saw)을 들고

간먼다의 밤산에서 밤을 주우면서 커다란 톱을 옆에다 두고 작은 나무를 베기 시작하였다. HGH 감나무 농장으로 가도 밤나무 농장이 나온다. 나는 MKR의 꾸지뽕나무가 심어진 방향으로 가서 밤을 줍기 시작했다. 날씨가 더운 가을이었다. 하지만 이쪽은 그늘이라서 밤 줍는 곳은 시원하고 밤의 크기가 작았지만 여름에 예초기로 풀을 벨 때 못 벤 작은 나무를 톱으로 베고 고목은 밤나무 주변에 퇴비가 되도록 던져 놓았다. HGC의 감나무 근처에 가니 굵은 칡이 보이길래 톱으로 잘랐다. 또한 올해 초에 잘랐던 아카시아 나무가 엄청 크게 자라고 있었다. GC의 감 홍시를 먹으면서 나무들을 베었다. 밤나무산에서 밤나무관리하기가 쉬운 것은 아니었다. 늦더위에다가 울창하게 커진 밤나무 주변의 잡다한 나무들, 농한기에 기계톱을 들고 와서 베어야 되고 아카시아 나무를 죽이지 않으면 내가 밤수확량이 줄 것이고 그 나무들을 죽이는 방법을 연구해야 되겠다. 나무는 잘라도 다시 성장하고 자라기에 밤은 산 관리가 중요하다고 하던 어르신들의 말이 생각이 난다.

5) 영화 - 퓨리

 이 영화는 제2차 세계대전을 배경으로 하는데, 미군의 한 탱크가 독일 지역을 가다가 지뢰에 의해 탱크의 긴 바퀴가 파손된다. 미국 헐리우드(Hollywood)의 유명한 배우 브래드 피트(Brad Pit)가 주연으로 등장한다. 신참인 바이블에게 저 멀리 산에 가서 적(독일군)이 오는지를 확인하고 보초를 서라고 명령한다. 바이블은 과자를 먹다가 멀리서 독일군이 오고 있는 것을 보고 조셉 소령에게 그 사실을 보고한다. 주변의 그의 부하들은 탱크가 파손되어 이동도 못하고 독일군 200~300명이 오나 야산으로 피신을 하자고 제안을 한다. 그 소령인 조셉은 탱크를 지키겠다고 그의 부하에게 이야기를 한다. 그의 부하들은 그에게 이길 수 없는 적이라고 반감을 불러오고 있는데 바이블 신병이 자기도 탱크를 지키고 이 지역을 사수하는 데 동참을 하자, 주변의 중사와 위생병도 탱크에 올라 조셉이 주는 와인을 마시고 탱크에서 끝까지 저항하겠다고 다짐을 한다.

 조셉 소령은 "죽은 독일군 시체를 가져오라"고 명령한다. 탱크 위에 적의 시신을 눕히고 주변에 불을 피워 망가져서 버리고 간 탱크로 보이게 위장을 하고 탱크 안에서 적이 오기를 기다린다. 40m 정도 되는 탱크의 실탄을 장전하고 독일군이 다가오자 조셉 소령의 명령 하에 적의 트럭을 파괴하고 야간 전투가 지속된다. 결국 탱크의 실탄이 떨어지고 조셉 소령은 탱크에서 적에게 사격을 하다가 총에 맞고 탱크 안으로 들어온다.

탱크 안으로 독일군의 수류탄이 들어오자 희미한 정신으로 바이블에게 "탱크 아래로 숨어라"고 명령를 한다. 주변의 병사들이 사망하고 그는 탱크 아래에 몸을 맡긴다. 독일군이 빠져나가고 바이블 상병은 전사한 조셉 소령의 얼굴을 자신의 군복을 벗어 가려준다. 탱크 안에 있을 때 사람의 인적 소리가 난다. 누군가가 탱크 주변으로 오자 바이블 상병은 권총을 손에 들고 마음의 준비를 한다. 탱크의 문을 연 군인은 영국 군이었다. 그는 그렇게 생존하지만 전사한 조셉 소령을 잊지 못하고 미국의 플로리다주의 네바다시에 있는 그의 무덤에 헌화를 한다.

6) 책상 위가 깨끗한 아나운서

KBS아나운서 김재원은 책상 위에 아무것도 없다고 이야기를 하더라. 대부분 아나운서들의 책상 위에는 책과 수첩 등이 있지만 그의 책상 위에는 책 한 권 없고 깨끗하다고 한다.

공간을 만들고 물건을 올려놓고 책을 놓거나 장식을 하거나 화분도 두는데 〈아침마당〉의 진행자인 그는 깨끗하다고 말을 하더라. 초등학교 친구와 결혼한 그, 말도 잘하더라. 〈6시 내고향〉을 한동안 진행하더니, 윤인구에게 그리고 최근에는 강승화 아나운서가 진행을 하더라. 〈아침마당〉을 진행하는 명MC?

7) 이혼한 여자

요즘 이혼한다고 다른 시선으로 보는 사람은 드물다. 결혼을 하다가 이혼을 할 수 있다. 연예인을 보면 이혼 몇 번 결혼 몇 번 하는 배우를 볼 수 있다. 나의 주변 친구 중에 KJ도 이혼했고 인천에 사는 JS와 SO도 이혼하였다고 한다. 그들의 새로운 출발에 희망을 주고 싶다.

5. 청춘

1) K-pop 평가

젊은이들이 부르는 K-pop 가수, 그러니까 그들은 새로운 형태의 가수이다. 학생들인지~, 댄스와 희한한 복장으로, 그리고 3~7명 정도로 멤버들이 구성되어 있더라. 그 가수들이 인기가 있고 세계로 알려지고 각종 해외 음악차트에서 상위에 입상하고 한국을 알리고 있고 지상파에서 중계방송 하더라. 그런데 영어와 한글을 혼합하여 사용한다. 영어도 이상한 영어가 등장하더라. 백화점이나 대형마트, 커피숍에서 가면 쉽게 들을 수 있더라.

새로운 음악의 흐름이고 유행이라고 한다. 하지만 듣기로는 흥이 나고 좋지만 일반 서민들이 따라 부를 수 있는지는 의문이 간다.

사람들이 단체로 놀 때 많이 불러져야 되는데…, 오랫동안 그리고 새로운 가수 이름이 등장하고 외국인도 한국에서 활동한다고 들었고 재벌 3~4세 들도 K-pop에 도전한다고 한다.

가수 주변에 춤을 추는 댄스들도 함께 춤을 추니 시각적으로 눈을 즐겁게 해주고 소속사, 즉 연예 기획사도 생기고 발전하고 대형기획

사보다 중소기획사에서 인기있는 K-pop가수가 나오는 것을 볼 수 있더라. 여자들은 나이가 들면 오래 못 가지만 인기있는 가수 들은 오래하는 것을 볼 수 있었고, 여가수들의 생존율이 높은 것을 볼 수 있고 인기 순위에서 상위에 많더라.

BTS(방탄소년단)라는 큰 대어를 본 한국의 새로운 대중 가수들, 트로트와 다르게 음악 방송에 상영되고 한국방송공사에서는 라디오를 청취하면 젊은 음악이 방송되는 것을 들을 수 있다. 노래경연대회, 10대들이 트로트를 부르고 관중이 심사를 하는 등 서민들의 애환을 풀어주는 트로트에 비하여 젊은이들이 부르는 K-pop은 한국 음악의 새로운 장르로 발전하리라 보고 세계 105개국으로 방송되고 있으니 영향력은 아주 크다고 본다.

2) 대만 여행

양밍산은 대만의 북서부에 있는 산이다. 대만의 이 산에 가니 연기가 나고 활화산이다. 이 산에 가니 유황 냄새가 난다. 작은 돌 사이로 구멍으로 분출되는 유황가스가 산의 바람을 타고 유유히 날아간다. 물이 보글보글 끓더라. 손을 데니 뜨겁더라. 이 활화산은 200만 년 동안 지속되고 있는 산이다.

나는 버스로 이동하여 온천으로 유명한 타이완 북부 신베이시에 위치한 온천지역으로 이동하였다. 큰 강이 흐르고 있었다. 강 주변은 산으로 둘러 쌓여 있었다. 이 강은 뜨겁기 때문에 사람들의 출입을 통제한다고 한다. 나는 미리 여행사 직원이 예약해 놓은 온천으로 이동하였다. 현지 가이드는 젊은 여자분이었다. 온천탕으로 들어가기 전에 여직원이 검은 옷을 준다. 온천에 들어가나니 따뜻하더라. 이날은 비가 내리고 있었다. 창문으로 보이는 산이 아름다웠다.

3) 작가 김홍신

작가 김홍신은 K대학에서 국문학을 공부한 사람이다. 그리고 국회의원도 역임한 사람이다. 그런데 라디오 방송을 들으니 책을 123권 출판했다고 한다. 나는 그것이 사실일까 의문을 가져본다. 언론을 50%만 믿으라는 말이 있다. 중고서점에 가니 그의 책은 없고 몇년 전에는 잭이 있었다고 하는데…. 라디오에는 책을 소개해주고 작가도 소개하는 방송이 있더라. 60권, 20권을 출간한 사람들도 가끔 소개되더라. 책 한 권 출간하기도 힘든데 123권을 편찬하다니 대단한 작가이구나.

4) LYJ

　대학 다닐 때 그녀는 경일대학교를 다니고 있었다. 조금 예쁜 외모에 날씬한 체격이었다. 그전에 KEJ라는 여자와는 친했다. 그녀는 피아노를 연주하면서 찬불가를 부를 때 연주하는 음악대학에 다녔던 여자였다. 그리고 LEY이라는 여자는 자기의 부모가 교사라고 하면서 69년생인데 은근히 나에게 접근하는 여자였다. 그녀는 나에게 진하게 눈을 마주치는 여자였다. LYJ는 한복이 잘 어울리는 여자였다. 그러든 내가 서울로 이동할 때 어렵게 연락이 되었다. 나이가 어린 KOJ에게 부탁을 한 것이다.

　연락이 되어서 그녀와 주스를 마시고 그녀는 대구의 K대학의 목공예 석사과정에 들어가서 공부하고 있다고 한다. 그녀와 주스를 함께 마시고 그녀의 집까지 바래다준 것이 그녀와의 만남이었다.

　또한 LYJ라는 여자는 모 방속국의 스포츠뉴스(Sports News) 진행을 하던데 옷을 멋지게 입고 진행을 하는 것 같더라.

5) 춘자

　내가 나온 대학의 선배님의 시 〈빈 의자〉의 저자 이름이 춘자이고 나의 친구 김OO의 어머님 이름도 춘자이고 미국 하버드에서 공부하다가 샌프란시스코에서 로스쿨을 다닌 후 한국에서 변호사로 활동 중인 홍OO의 어머니의 이름도 춘자이더라. 가수 이동준의 "춘자야" 라는 노래도 있는 것 같더라.

6) 팔미마을의 아줌마

아침에 군내버스 첫차를 타고 밤을 핸들카에 싣고 수청 수퍼 앞까지 갔다. 우의를 입고 비가 아주 쏟아졌다. 어제까지 더운 늦가을 날씨였다. 신발이 물에 온통 젖었다. 올해는 태풍도 오지 않고 드디어 비가 억수로 내린다. 신등고등학교 앞에 도착하니 수청마을의 KYH이가 버스를 기다리고 있었다. 버스를 기다리면서 단계마을의 JSH의 친구가 군청 공무원이라고 그가 들려주었다. 그는 고등학교 졸업을 한 후 공무원생활을 하였다고 말을 한다.

원지마을 밤공판장에 도착하여 우의를 벗고 생수기의 물을 마셨다. 베트남 남자가 출근을 하였다. 오전 8시부터 밤공판장은 업무가 시작된다. 어떤 할머니가 이미 대기하고 있었다. 그 아줌마는 진주시 명석면의 팔미마을에서 왔다고 한다. 아침에 자기의 남편과 함께 주운 밤을 원지택시를 이용해서 왔다고 한다.

내가 스마트폰을 보고 있는 베트남 직원에게 "베트남의 하노이, 호치민?"라고 그에게 질문을 하니 "하노이" 라고 대답을 한다. 그런데 다른 베트남 근로자들과 달리 얼굴이 하얗고 나이는 28세라고 한다. 세계테마기행에서 많이 본 "베트남 북서부 지역에서 왔냐"고 말을 거니, 그 아줌마가 자기가 베트남을 2번 갔다 왔다고 한다. 베트남 여자와 한국 남자들과의 결혼을 성사시키는 결혼 매니저를 했다고 한다. 밤 포대 3개가 멀리 보였다. 군내버스를 타고 원지에 간 후에 진주에 가서 장을 보고 갈 것이라고 하고 그 여자와의 인연은 그러하구나.

6. 날씨와 인간

1) 이슬(Dewdrops)

6월인데 장마가 오고 비가 그치면 날씨가 덥다. 밤 10시부터 이슬이 내린다. 나의 지인 아나운서 LSK는 노래도 잘한다, 아나운서 노래자랑 대회에 나를 KBS 방송국에 초청하였다. 그녀는 청순한 이미지고 동아대학에서 경제학을 전공한 경제학도였다. 내가 우유 판촉을 하러 다닐 적에 나에게 와서 요구르트를 주문했는데 그때에 알게 되었다.

나는 그녀의 주소를 보고 집을 안 후 서신을 보내니 그녀가 답장이 왔고 우리는 연인으로 발전하였다.

2) 카지노의 여자(Cazino Woman)

미국 대통령 트럼프가 카지노 사업에 영역을 확대하고 있을 때 남부 펜실베니아 인근에 트럼프캐슬이라는 카지노를 개장하였다. 베팅을 하니 돈이 쏟아져 나왔다. 한 뚱뚱한 흑인 여성이 나에게 접근하여 다른 게임을 소개해주었다. 나는 그 게임을 하여 크게 손해를 보았다.

도로 가에서 맥주를 마시고 있는데, 나와 같이 크게 손해를 본 여성이 있었다. 제인 돈은 미국의 LA에서 왔다고 하고 키가 크고 171cm의 붉은 머리를 가진 여자였다. 나는 와인을 마신 후 허름한 모텔에서 그녀와 함께 모텔에 들어갔다. 그녀의 하얀 피부를 손으로 만지고 백인 여인의 향기를 체험하였다. 트럼프에게 전화하여 비행기표를 얻고 귀국하였다. 그런데 그녀가 임신을 하였다고 서신이 날아왔다. 남아인데 중학교에 다니고 있다고, 이메일로 그 남자애의 사진도 보내주는데 나는 지금 소득도 없고 너희들을 양육할 능력이 안 된다고 하였다. 하지만 카지노에서 만난 그녀의 체온이 아직도 내 몸 깊숙이 젖고 있다.

3) 서울 용산구

나는 버스 안에서 만난 합천군 가회면에 있는 구포 국수에서 일하고 잇는 방글라데시에서 온 커라스(Kerus)의 안내로 용산구에 있는 이슬람사원에 가보았다. 외국인들이 그곳에서 잠을 자고 있었고 기도하는 젊은이들이 있었다. 어떤 여자분은 사무실에 명함을 주고 가는 것을 보았다. 나는 인근의 식당에서 그와 함께 인도 음식 카레를 먹고 용산구에 있는 전쟁기념관을 구경하고 LG에 다니는 CYD이와 만나 인근 스타벅스에서 커피를 마셨다. 그와 서초구에 있는 남부터미널에서 버스를 타고 시골로 돌아왔다.

용산구, 마.용.성으로 사울의 강남 3구 다음으로 부동산 가격이 높은 지역 대통령의 집무실이 잇는 곳, 윤 대통령은 청와대에서 왜 이곳 국방부 건물이 있는 용산구로 이전하였을까?

4) 축구선수 김남일

축구 선수 김남일은 나의 대학 축구부 선수인데 내가 자취할 때 목욕탕에서 자주 만났던 체육 특기생이었다. 그런데 시험 기간이면 자주 마주쳐서 알고 지내는 친구였다. 그는 미드필드이고 수비형 공격수다. 월드컵에 출전하여 재산을 모으고 유명해지자 결혼했다고 소식을 들었다. KBS 아나운서 김보민과 결혼을 했다는데 나는 처음 듣는 아나운서 이름이었다. 들기론 라디오프로그램 〈팝스 프리덤〉을 진행하고, TV에서는 〈사랑의 가족〉에서 최시중 아나운서와 함께 방송을 진행한다고 한다. 그녀는 내가 보기에는 평범한 여인이었다. 김남일은 지금 경상북도 경산시 압량면에서 어린이 축구교실을 운영하고 있다고 한다.

5) 성형외과(Cosmetic surgery clinic)

나의 군대 후배 중 이름이 '성형'이라는 후배가 있다. 그런데 시골로 온 후, 진주시외버스터미널 주변에 성형외과 병원이 많았다. 그래서 성형이가 생각이 나더라. 같은 부대였지만 선배의 괴롭힘으로 집에 부모님께 전화하여 다른 부대로 옮긴 사병이었다. 그의 여동생도 천안에서 상명대학교 일본어학과를 다녔다고 나에게 말한 것으로 기억하는데 그 또한 단국대 천안캠퍼스 일본어학과가 전공인데 여동생과 함께 자가용을 몰고 학교로 다녔다고 한다. 내가 말년 병장일 때 그는 교재지원실에서 근무하였는데 책상을 부탁하니 휴가 갔다 오니 나의 내무반에 책상이 있었다. 전역 후 나의 조카가 귀 수술 받을 때 면회 간 후 영동 세브란스 병원인데 성형이의 집이 그 주변이라고 해서 그때 한번 만난 후배이다. 역삼동 OOO아파트에 산다고 하더라. 몇 년 전에 연락하니 성형이의 어머님께서 "우리 성형이는 일본으로 유학 갔다"고 이야기를 하시더라.

지금은 진주터미널 주변에 성형외과가 몇 개 사라진 상태이더라.

6) 온천과 우동

일본 군마현에 가면 유바다케 온천수가 있다. 따뜻한 물이 흘러나오고 관광객들이 사진을 찍고 마쓰다 로키라고 하는 일본인의 소개로 갔는데 온천의 유오미체험관이 있었다.

기모노 복장의 여성들이 큰 나무로 온천수를 나무로 뒤적이고 관광객도 체험하게 했다.

그리고 미즈사와 우동거리로 가니 미즈사와 사찰이 있는데 이 우동이 이 사찰에서 시작되었다고 한다. 목조건물로 만들진 우동식당집, 국수와 비슷했지만 다른 우동과 차이가 난다고 한다. 주방을 보니 손으로 면을 문질러서 젓가락으로 그릇에 넣어서 먹는 우동이었다. 일본에서 사누키 우동도 유명하지만 이 지역의 우동이 유명하다고 한다.

우리나라에는 중국집에서 우동을 판매하는데 나의 어머님은 가끔 식당에 가면 우동을 드시곤 했는데….

7) 미국 시카고 피자와 여행

미국 시카고에 피자집에 가니 아주 긴 피자가 나오더라. 준 센블리라는 친구와 갔는데 아주 높은 빌딩이 있었고 듀에이블이라는 브리지를 걸어갔고 그날은 성 패트릭의 날의 기념일로 아일랜드인들의 축제였다. 또한 시카고 극장이 있었다. 1921년에 건축된 극장인데 유명하다고 한다. 그리고 시카고 핫도그가 유명하다고 한다. 밀레니엄 파크,

즉 공원에 가니 2000년을 기념해 만든 밀레니엄파크가 아름답게 있었다. 나무와 꽃들로 공기도 맑았다. 주변에 크라운 분수가 있었고 그곳에서 물놀이를 하는 어린아이들이 많았다.

그리고 클라이드라는 은색의 조형물이 있었다. 콩같이 생긴 형태였다. 준과 함께 시카고를 구경하고 건너편으로 가보니 겨울에 탈 수 있는 스케이트장이 있었다. 예술과 낭만으로 가득한 시카고는 기억에 남는 도시이더라.

또한 영화〈시카고〉를 본 것 같기도 하고…. 배우 리처드 기어가 주연이었는가….

7. 이름(Name)

1) 이름을 바꾸는 사람

동창회에 가보니 이름을 바꾸는 친구를 볼 수 있다. 금자가 연정이로 미라가 정인으로 만덕이가 태훈이로, 성기가 정우로, 살면서 무슨 연유인지는 모르지만 이름을 바꾸는 사람을 볼 수 있다.

2) 여자 이름(Woman Name)

나의 주변에 김성희, 정성희 그리고 정영희가 있다. 내가 보기로 여자 이름이다. 그리고 김건희도 여자이름이다. 이름을 검색하면 같은 이름이 아주 많다. 살면서 여자 이름이라고 놀림을 당하지 않았나 생각된다. 여자 이름으로 인해 자신만의 이름으로 이득을 얻는 경우가 있을 리라고 본다.

3) 이슬이

6월 초, 아니 5월달에도 날씨가 덥다. 밤 10시가 되면 이슬이 내린다. 나의 집, 뒷집의 지붕에 이슬이 떨어지는 소리가 난다. "KBS Happy FM" 라디오의 진행자 이름이 이슬기라고 한다. 그리고 서울의 소주 이름이 이슬이더라. 식물이나 작은 동물들은 이슬을 먹고 자란다. 최근에는 Tv에서 뉴스타임에서 낮에 뉴스를 진행하고 있다.

4) 뇌

인간은 뇌가 중요하다. 그런데 우리나라의 수도권, 즉 서울, 경기도에 대기업, 중견기업 등의 본사가 집중되어 있다. 사람으로 치면 뇌가 너무 커다란 이상한 인간인 셈이다. 즉, 비정상적인 사람이다. 산업화, 민주화 등 빠르게 성장한 대한민국의 원인 중 하나가 수도권 집중의 결과다. 하지만 이제는 우리 사회는 이 문제를 고민해 보아야 한다. 뇌와 복부, 어깨, 팔, 다리가 균형이 조화롭게 되어야 올바른 인간상이다. 비정상적인 체형의 한국형 인간, 수도로의 집중은 자본주의의 대부분의 국가에서 발생한다, 특히 개발도상국에서 위정자들이 통치행위에 집중하는 것은 도움이 된다. 안보 리스크가 존재하는 한국은 북한이라는 이데올로기가 다른 국가와 대립하고 있다.

북한 군인들의 군 복무기간이 10년 정도라고 한다. 그만큼 국방이 중요하다. 그래서 남자는 병역의 의무를 해야 한다.

국가예산이 국방비에 투입되니 낭비라고 생각되지만 국가를 누가 수호할 것인가? 군사적인 측면에서 지방으로의 분산 배치는 안보상으로 큰 도움이 되리라 생각한다.

5) 영화배우 - 실베스터 스텔론

영화 〈람보〉 시리즈에서 근육질 몸매로 베트남전쟁을 보여주고 〈탱고와 캐쉬〉에서 경찰로 출연하고 총기 사용과 정당한 폭력으로 나쁜 사람을 제압하고 주로 경찰 역을 맡은 것을 보았다. 눈동자가 검은 그는 옛 영화와 최근의 영화를 보니 얼굴에 주름이 생기고 여전히 건강한 남자로 등장한다.

또한 〈클리프 행어〉에서 산악 구조대로 활동하다가 여자 동료를 잃자, 은퇴 후 산속에 살다가 악역들을 물리치는 주연으로 나온다. 또한 왕년의 스타들과 함께 나오는 악역으로 호주 출신의 멜 깁슨 등, 서양인의 몸매를 과시하고 〈록키〉에서 이름을 처음 알린 그. 톰 행크스, 톰 크루즈, 아놀드 슈워제네거 등과 함께 영화에 등장한다. 또한 그는 흥행에 크게 성공한 〈람보2〉에서 미군 포로를 구출하는 작전에 임한다. 베트남의 산속에 들어가는데 베트남 여자의 도움을 받는다.

많은 미군 포로 중에 토마스라는 미군의 무기 개발 대령을 구출하는 임무였다. 그를 구출하려고 헬기가 왔으나 헬리콥터는 그냥 돌아가버렸다. 그는 베트콩에 생포되어 러시아 정보장교로부터 전기고문을 당한다. 한 여자의 도움으로 그곳을 탈출하는데 베트남 여자는 베트콩에 의해 죽는다. 그는 정글에서 그녀가 준 무기로 미군 포로를 구하고 본부로 돌아온다. 한편 〈람보3〉에서 그는 불교사원의 금속담당의 일을 한다. 〈람보3〉의 감독은 피터 맥도널드이더라.

주목할만한 미국의 영화배우로는 브래드 피트가 있다. 그는 평범한 외모이고 왜소하지만 영화 〈세븐〉, 〈트로이〉 등에서 주연으로 나오는데 몸매가 탄력적이더라. 그는 안젤리나 졸리와 결혼 후 이혼한 것으로 알려져 있다.

6) 버스통신

신등중학교 재학생 1학년 0명, 2학년 6명, 3학년 3명, 버스 안에서 신등중학교 재학생으로부터 학생의 수를 듣다. 신등중학교 위기사항, 폐교가 조만간에 될 것이라고 본다.

최근 소식에 의하면 신등중학교와 신등고등학교가 통폐합되었다는 신문을 읽은 것 같다.

7) 제로(Zero)

코카콜라에서 설탕 함유량이 zero라고 함. 소주에 과당량이 zero라고 적혀 있더라. "0"이란 숫자, 수학에서 화폐에서, 통장에 "0" 이란 숫자가 많이 적혀져 있으면 좋은 현상이라고 본다. 가수 싸이가 광고하는 사이다 광고에도 과당이 "제로"라고 광고하더라. 그리고 맥심커피도 신제품이 출시되었다. 본지 커피를 개발한 맥심 커피믹스 "제로슈거"라고 하면서 새로운 맛의 커피를 마트에서 볼 수 있다.

8) 故 KYH를 추모하며

문산댁 장례식장에 가니 GD가 있었다. 그의 어머니의 장례식이었다. 그런데 유용마을의 KYH의 소식을 들었다. 내가 진주에서 고등학교 다닐 적에 집에서 버스를 타기 위해 정류장까지 걸어가는데 나에게 그가 던진 말 "마른 체형에다가 엉뎅이가 없다" 고 나에게 말한 후배인데 죽었다는 소식을 들었다. 창원에서 YH와 GD와 함께 회를 먹은 기억이 있는 고향 사람인데…, 그는 나에게는 반말을 못하겠다고 말을 하였는데, 1년 후배인데 하는 나라로 간 지 3년이 되었다고 한다.

8. 스포츠

1) 야구(Baseball)

 대학 다닐 때에 종합 강의동 뒤 벤치에서 대학야구부들의 연습과 경기를 관람했다. 신림동에서 공부할 때 고시원 사장 아들이 우리대학 야구부의 투수였는데 이름이 KGI이었다. 그는 체격이 작았고 언젠가 직장 다닐 때에 고시원에 찾아가니 여자 친구가 있었는데 결혼한다고 하더라. 내가 유제품회사에 근무할 때니 25년 전의 일이다.

 프로야구를 TV를 통해 보면 관중들이 맥주나 음료수를 마시면서 경기를 관람하더라. 선수들의 유니폼을 들고 응원하더라. 라디오에서도 프로야구를 중계방송하더라.

 올해 전반기 프로야구는 마무리되었다. 한화 이글스가 33년만에 1위를 차지하였다. 관중 수도 상당히 많은 것으로 보도되고 있었다. 하지만 우리 지역의 연고를 둔 NC다이노스 팀의 홈구장에서 관중이 사망함으로써 운동장의 점검에 들어갔고 연고를 옮긴다는 말을 하는 NC다이노스팀, 그리고 이승엽 감독이 퇴출되는 등.

 그리고 미국의 메이저리그 야구를 보니 일본 출신의 오타니, LA다저스 팀인데, 타고난 야구 선수더라. 홈런을 많이 날리고 도루도 하는 선수였고 인기가 아주 많은 선수이더라. 나는 예전에 최정 선수를 좋아하였는데 아직도 홈런을 많이 기록하고 있더라. 삼성라이온즈 팀의 구자욱은 날씬한 몸에 키가 크고 훈남이더라.

2) IB스포츠 – 레슬 매니아

미국 레슬링은 관중들이 가득 차 있더라. 여자, 남자 선수들이 몸을 아끼지 않고 경기를 한다. "no mercy." 폭력이지만 재미가 있더라. 다양한 민족으로 구성된 미국에서 괴물 같은 인간들이 레슬링 경기를 한다. 여자 레슬링은 일본계 선수인 시라이시 이오 선수가 잘하더라. 관중들도 일어나서 박수치고 응원하는 것이 흥미롭더라.

3) 레슬링 – 최고의 매치

트리플H 선수와 로만 제인즈 선수의 대결이 있었다. 우승 상금도 엄청 큰 것으로 알고 있다. 트리플H는 근육질 선수이고 긴 머리를 한 로만 제인즈는 경기에서 그를 결국 이긴다. 미국 레슬링 선수들은 몇 년 동안 연습한다고 하고 부상당하여 병원에 입원하여 치료도 받는다고 해설자가 설명을 하더라. 승리하면 부가 따르는 프로 경기에서 결국 관중이 많으니 인기 있고 TV에 중계 방송을 한다. 경기가 작은 경기장에서도 그들은 경기를 한다. 분장을 하고 의자로 때리고 폭력적이지만 그 선수들은 단련이 되었는지 상당한 유연한 경기를 하면서도 보는 이를 흥미에 빠지게 만드는 미국의 레슬링 경기가 신선한 충격을 주는 경기이더라.

4) 동충하초

예전에는 마트에 동충하초 음료수가 보이던데, 내가 사먹지 않아서 그런지 요즘은 못 보았다. 누에에서 기생충과 곰팡이가 자라 특이하게도 약이 되는 동충하초, 네팔의 고산지역에 동충하초를 채취하는 사람들이 있더라. 손으로 직접 추운 산에서 찾기 때문에 힘든 작업이라고 한다. 하지만 가격이 고가이기 때문에 사람들이 동충하초를 캐러 나닌나고 한다. 2날 채취한 수입이면 1년 연봉과 비슷하다고 한다. 네팔인들은 동충하초를 차처럼 먹고 그냥 먹더라. 중국인들이 개발한 동충하초, 우리마을은 옛날에 누에를 길렀다. 실을 만드는 누에.

뽕잎을 먹고 시골에서 누에고치가 높은 소득을 보장해주었다. 경북 상주도 유명한 누에를 기른 지역이었는데, 전북 부안의 일부 농가에서 누에를 기르는 장면이 텔레비전에 방송되는 것을 보았다.

5) 길 위의 인생

인간은 직립보행을 한다. 길을 걷고 다닌다, 아니 산에 등산을 하는 사람도 있다. 대중교통을 타고 다니는 사람들이 시골에는 많다. 정류장에서 내려서 집까지 걸어가야 되는 사람들이 대부분이다. 자가용도 길 위를 따라 달린다. 어떻게 보면 인간의 삶은 길을 만들고 도로 위로 기계가 다닌다. 하지만 드론이나 비행기에게는 하늘길이 있겠지만 길, 도로, 아스팔트길, 시멘트길, 포장이 안 된 길 등, 산속에 사는 나로서는 길 위의 인생이고 도로가의 나무와 자연을 보면서 맑은 공기를 마시면서 걷는 자의 고통이지만 행복감이 있는 길, 버스와 길은 중요한 인생 그 자체이다.

6) 베트남(Vetnam)

나의 고향 친구 HPE가 베트남에 살고 있다. 나의 친구 TGW와 함께 호치민시에 있는 브우롱에 놀러 갔다. 호수에 연꽃이 피어 있었다. 현지인들은 연꽃 열매와 씨앗을 먹는다고 한다. 주변에 인공섬에 가니 사탕수수를 갈아서 라임을 넣어서 만든 사탕수수 주스는 더위를 날려주는 음료수였다. 호수에 향어들이 물 위를 헤엄치고 있었다. 브우롱 관광센터인데 호수에 인공섬을 조성하여 관광객을 유치하고 있었다.

우리는 베트남에서 생산된 커피를 마셔보았다. 맛이 진하고 믹스 커피와 색다른 은근하면서 진하면서 부드러운 맛이 났다.

7) 뼈를 깎는 고통

K대학 대학원 석사과정을 공부할 때에 일본에 유학 갔다 온 노동법교수, 손창희 교수님이 하신 말, "고시공부는 뼈를 깎는 고통이 따른다"고 말씀을 하셨다. 일본에도 사법시험 제도가 있었다. 참으로 어려운 말을 들었다. 어떻게 보면 공부가 쉬울 수가 있다. 육체적인 노동이 수반되지 않기 때문이다. 어떤 이는 어렵다고 한다. 공부 할려고 하면 끝이 없다고 한다. 책에서 배우는 것도 중요하지만 살면서 사회생활하면서 터득하는 것이 소중한 지식이고, 지혜가 아닌가 싶다.

8) Bucks의 여인

그녀는 유난히 스타벅스 커피를 선호하는 여인이다. 내가 군대 첫 휴가 때 만났는데 안경을 착용하고 명랑한 대학생이었다. 둥근 외모의 그녀가 나에게 들어왔다. 친구로 연인으로 발전하고 싶었지만, 고등학교 때, 단계에서 만나지 못했다. 진주에서 친구들과의 모임에도 그녀는 오지 않았다. 중학교 때 이성에 눈을 뜨게 한 그녀, 하지만 그녀가 아닌 또 다른 여인을 소개받았는데 가끔 만나고 나의 집에 전화도 하곤 한 여인이 있었다. 결국 군대 가기전에 벅스녀(bucks girl)를 만났다. 그러니까 20대에 2번 그녀를 만난 것이다. 지금은 바닷가에서 살고 있는 그녀, 동창회 때 보았지만…

9) 버스안에서

대학시절에 대구에서 진주가는 길에 버스를 타고 가는데 무슨 소리가 나서 눈을 뜨니 젊은 남녀가 사랑을 나누는 소리가 나서 눈을 떴다. 즉 남자는 그의 손을 그녀의 깊숙한 그곳으로 넣고 있었다. 버스의 뒷좌석에서 그들은 사랑을… 계속해서 하더니 남녀는 물을 마시고 있었다.

내가 어떻게 KSM을 알게 되었는지는 모르겠다. 기억은 나지 않는다. 소위마을 버스 승강장에서 버스에 오른 그녀를 알아봤고 서로 이야기를 나누었던 것이다. 한 번도 중학교 때 만난 기억이 없는데, 버스 안은 사람들로 가득했고 입석을 하여 진주로 가는 버스에서 만난 여자가 그녀였다.

가수 "자자"가 있는데 노래 제목이 〈버스 안에서〉가 있더라.

9. 언어와 이야기

1) YD의 말

죽은 YD의 말이 생각이 난다. 중학교 3학년 때 같은 반이였던 YD, 그가 KSM이 KBS의 딸이라고 말을 하였고 KJU가 남자와 사귀다가 커다란 상처를 받았다고 나에게 말을 한 것 같다.

2) YD 어머니의 말

YD가 병원에 입원했을 때 면회 갔는데 ㄱ의 무친은 나에게 HJ가 보건소 소장한다고 이야기해 주었다. 그리고 YS와 BH가 가끔 면회 왔었다고 나에게 이야기했다. 고등학교 시절 때에 YJ와 그의 집에 놀러 간 적이 기억이 난다.

그리고 밤을 갖다 주기 위해 버스를 타고 원지에서 전화를 하니 시간이 난다고 하시어 진주시 봉곡동버스정류장에 내려서 택시를 타고 진주보건대학교에서 하차를 하였다. 나는 YD 어머님께 전화를 했다. "보건대학교 근처에 교회가 있으니 그 앞에서 만나자"고 하여 밤 2포대를 어머니께 드리니, "커피 한잔 하고 가라."

하얀 건물의 단독 주택인 어머님의 집에서 커피를 한잔하였다. 다른 한 포대는 하대동에 사는 중학교 여자 친구인 JHJ의 어머님께 드리라고 했다.

3) 영천 마늘

예전에 직장 동료 KYW가 마늘 농사짓는다고 영천에 가보았다. 영천시 신영면이 마늘특구로 지정되어 있다고 한다. 마늘 하면 의성 마늘이 유명한데, 주변 2면이 마늘 특구로 지정되어 마늘경매장과 저온으로 보관하는 창고가 지어져 있다고 한다. 그의 집에서 삼겹살과 마늘을 먹으니 맛이 있었다. 예전에 영천에서 판촉할 때에 음악학원에서 우유를 주니 연락처를 주고 가라는 원장의 말에 주고 가니 20분 후에 연락이 와 주문을 받은 적이 있는 영천이었다. 마늘이 신품종으로 찾는 이들이 많다고 하고 가격도 괜찮다고 한다.

4) 강원도 춘천

호반의 도시 강원도 춘천. 춘천은 강원도의 도청소재지이다. 하지만 강원도 원주시가 인구가 더 많다. 봄에 강원도 춘천에 가니 꽃이 피고 산이 희미하게 푸른색을 띠더라. 소양강댐이 있는 춘천, 호반의 도시 춘천, 노래 "소양강 처녀" 서민들이 자주 부르는 노래이다. 춘천시내에서 벗어나 시골로 가니 위샘밭마을에 도착하였다. 한 주택에 돌로 조경을 조성하는 어른이 있었다. 발가락모양의 장식도 잘 가꾸어진 정원이었다. 〈강원도의 힘〉이라는 영화도 있다. 그만큼 강원도가 낙후되어 있지만 안보상 북한과 마주보고 있는 분단의 아픔을 엿볼 수 있는 강원도, 통일이여 와라.

5) 뉴욕의 마피아

조 콜롬보는 시칠리아 출신이 아니었다. 그는 뉴욕의 마피아다. 마피아 하면 이탈리아 시칠리아 출신이다. 그는 예의가 바르고 허세가 없었다. 소득세 신고를 하고 합법적인 마피아였고 시기는 1961년도였다.

6) 고금

중국 허베이에 중국 전통 악기를 가르치는 학교가 있었다. 3천 년의 역사를 가진 악기였다. 삼국지에서 제갈량이 연주했던 악기이다. 그 악기가 계속 전래되고 그 악기를 만드는 기간이 2년이 소요된다고 한다. 그리고 그곳에는 고궁박물관이 있었다. 주유가 사랑한 악기가 바로 "고금"이었고 그 악기와 함께 연주하는 악기가 있었는데 그것은 샤오가라는 악기였다.

7) 병원 면회

서울 송파구 풍납동에 있는 아산병원에 고교 동기 MSK가 입원하여 면회를 갔다. 그 친구는 콩팥에 문제가 있었어 입원한 것이다. 그런데 내가 담배를 피기 위해 흡연실에서 피고 건물 안으로 들어가는데 안면이 있는 여자가 있었다. KMO이더라. 하와이로 이민 간 후에 경기도 의정부에 살다가 유방암에 걸려서 수술을 받고 지금은 건강이 회복되고 있다고 그녀는 말을 하더라. 그녀에게 음료수를 사주고 남부터미널에서 원지로 오는 버스를 타고 집으로 왔다.

10. 새로운(미지의) 세계

1) 식물

 오늘도 나는 상추, 오이 등 반찬의 대부분이 식물로 되어 있다. 즉 채식이 대부분이다. 이르스터필거스는 동·식물을 연구한 철학자다. 인간의 뇌가 중요하여 하늘로 향하고 식물의 뿌리가 뇌이다. 사람들이 화분을 가꾸면서 식물에 관심을 가지고 정성을 다하여 가꾼다. 인도의 자이나교에서는 식물의 열매를 먹지 말라고 한다. 그것에 생명이 있고 그리고 뿌리도 캐지 말라고 한다. 즉 생명 존중 사상이 강한 종교이다. 우리는 식물을 존중하고 사랑하고 그러면서 우리에게 영양소를 준다. 그러면서 인간은 삶을 영위하고 그것은 서로 감사의 씨앗이 된다.

2) 꿈(Dream)

 나는 가끔 꿈을 꾼다. 그래서 잠이 깬다. 등장한 사람은 인천의 SSH와 인천, HG댁과 딸, HJS와 총기, HYJ와 경운기, JSY와 거래, 그리고 제일여고의 KJH와 삼현여고의 JHJ, 경해여고의 JHS가 나의 집에 찾아오는 것이 꿈에 나타나더라. 나의 모친도 꿈에서 나타난다.

3) 홍콩 여행

신등 중·고교의 경찰 아저씨의 따님이 홍콩에 살고 있다. 나는 홍콩으로 가서 그분의 따님 KGH와 만나고 그녀가 안내해주는 80년대 유명인 영화 거리에서 사진을 찍고 저가의에서 쇼핑을 했는데 홍콩인들은 집에 감귤을 두면 행복과 부귀가 온다고 믿는다. KGH 씨의 말에 의하면 홍콩을 찾는 관광객이 9천만 명이라고 한다. 그녀는 외국계 은행에서 근무하는데, 중국 건설 은행인데 9년을 근무하고 있다고 한다.

그녀는 또한 유명한 도교사원을 안내했다. 사원에서 사람들이 기도도 하고 향을 피우고 제사도 지내고 있었다. 건강과 복을 비는 홍콩 사람들, 그리고 사원에서 붉은 끈으로 결혼을 기원하고 있었다. 그녀의 BMW차를 타고 홍콩의 습지를 구경하였다. 그곳에는 큰 고라니새가 있었다.

4) 이븐이

이븐이는 서울 성동구의 한양여자대학에서 미술교육학과에서 공부를 하였고 나는 한양대학교 연극영화학과에 다녔다. 그녀와 나는 비디오를 자주 보았다. 대학가에 비디오방이 많았다. 그녀와 비디오방에서 육체적인 사랑을 하였고 서로 영혼까지 사랑한 관계였다. 이븐이는 홍대 미대 대학으로 편입을 한 후 지금은 진주시 상대동에서 미술학원을 운영하고 있다. 그녀는 KAI 회사의 상무와 혼인하였다고 들었다. 나는 충남 천안에서 일용직으로 일을 하다가 동기인 LKY의 도움으로 영화 엑스트라역을 하다가 귀농을 하였다. 이븐이와 나는 문자를 서로 주고받으면서 그렇게 지내고 있는 연인이면서 친구이다.

5) 이탈리아

고등학교 친구 PBJ의 아들이 이탈리아의 로마에서 살고 있다. 그는 군대에서 이탈리아어를 공부하였다. 축구를 보기 위해서다. 축구광이었다고 BJ가 말을 하더라. 우리는 로마에 간 후에 베네치아 인근에서 가르발디의 추모관을 구경하였고 선글라스를 착용한 시민들을 볼 수 있었다. 유명한 파파로박물관을 관람하고 이탈리아 페리아노치즈를 먹어보고 파그마 대성당을 구경했다.

　대성당에는 화려하고 귀여운 아이들의 그림과 예쁜 여인상이 있었다. 친구 PBJ는 진주시 정촌면에서 건설업을 하고 있다. 우리는 귀국 후 명석면에 있는 추어탕에서 식사를 하고 이탈리아 여행을 마무리하였다.

6) 스페인 음식(Spain Food)

　스페인 본사리아 지방의 식당에서 바스크식 식당이 있었는데 그 음식에는 생선수로라는 조개와 생선살을 첨가하여 음식이 나오는데 우리나라의 해산물과 맛이 비슷하였다. 작은 그릇에 작은 그릇과 감자와 계란을 넣어서 만든 음식이었다.

7) 브라질의 자연

　브라질의 북서쪽으로 가면 냇가에서 수영하는 브로도족이 살고 있다. 그 주변에는 붉은 바위와 작은 나무 그리고 울창한 블랑우나무가 자라는 산림지역이었다. 브라질은 다양한 민족으로 구성되어 있다. 브로드족는 아시아인과 같은 외모이더라. 자연과 인간이 하나가 되어 살아 가는 그들의 삶이 한편으로는 부러웠다.

8) 베트남 중부

베트남 중부에는 퐁냐케방 국립공원이 있다. 그곳은 커다란 동굴로 유명하다. 석회석인 석순이 자라고 있고 동굴이 세계에서 제일 크다고 한다. 그 지역은 크고 작은 산으로 되어 있어서 거대한 손을 만들어서 새로운 관광지로 각광받고 있는 지역이다. 그곳을 사람들이 걸어 다닌다. 주변의 자연을 구경할 수 있게 되어있는 인공적인 맛이 첨가된 베트남의 대표적인 국립공원이다. 그리고 베트남에는 껌산이 있는데 중국 불교의 영향을 받은 거대한 웃고 있는 미륵부처상과 캄보디아의 영향의 받은 불상과 불교 사원이 있더라.

9) 체코 음식

동부 유럽의 체코에는 최근에 한국의 원자력 발전소 건설이 결정된 국가인데, 그 나라는 콜라치라는 빵이 유명하다. 결혼식 할 때에는 작게 만들고 효모 반죽을 해야 되기 때문에 만들기 어렵다고 한다. 그래서 이 빵을 만드는 데는 인내심이 필요하다고 한다. 커드치즈와 살구와 과일을 넣어서 만들고 커드치즈는 맛이 클래식과 같은 맛이 나더라.

10) 영화배우 – 아놀드 슈워제너거

미국의 대표적인 영화배우 아놀드 슈워제너거가 있다. 영화 〈터미네이터〉 시리즈의 주인공으로 등장하는데, 기계 인간으로 나오고 그는 정치에 입문하여 캘리포니아 주지사를 역임한 것으로 알고 있다. 공화당 소속으로 또한 영화 〈토탈리콜〉에 등장하였으며, 왕년의 인기 배우 실베스터 스텔론과 해리슨 포드, 멜깁슨 등과 함께 촬영을 하였다.

최근에도 TV영화에는 〈터미네이터2〉가 방송되는 것을 볼 수 있는데 어떻게 그런 영화를 만들 수 있었는지 상상력이 대단한 작가가 있어서 그런 것인지 책을 보고 영화를 만든 것인지 아주 재미있는 영화더라.

11) 비(Rain)

7월 12일인데 날씨가 덥다. 비가 와야 되는데 무더위다. 역대 2번째로 덥다고 한다. 논에 물이 있어야 벼가 되는데 더위와의 전쟁이다. 초복도 안 왔는데, 온열질환자가 속출하고 고추와 감나무에도 농약을 살포해야 되는데 더운 날씨다. 가수 비는 어디로 갔을까? "태양을 피하는 방법"이 있듯이 사람이 무더위에 지친다. 필요한 생필품과 먹을 것을 사러 진주나 대형마트에 갔다 오는데 더워서 걷기도 힘들다. 까만 얼굴이 된 시골의 사람들 일하는 사람은 없다. 시원할 때 일하고 가축도 더위를 탄다.

12) 일본여행(Nippon Trip)

수청슈퍼의 아들, LYH가 형의 초청으로 일본에 갔다. 일본 오사카를 갔다. 일본의 오타와 중심 상권을 가니 간판들이 형형색색으로 되어 있었다. 화려하고 눈길을 끌기 위해 다양한 간판들이 있었다. 그곳에서 타코야끼를 먹어 보았다. 문어와 어류로 만들어진 음식이었다.

올해로 한일수교 국교정상화 60주년이 된다고 한다. 오사카에는 한국인들이 많이 거주한다고 한다. 봉계마을의 KDM도 일본에서 트럭을 운전한다고 들었는데, 우리나라보다 잘사는 일본이었고 오사카를 "대판"이라고 한다.

그리고 요코하마의 차이나타운에 구경하였다. 신칸센 열차를 타고. 일본에는 도요타 등 자동차가 발달되어 있지만 메이지 유신 때 근대화를 위해 철도를 설치하여 선진국으로 발전할 수 있었던 원동력이 되었다고 한다. 철도가 전국 곳곳을 달린다고 한다. 각 역에는 그 지역의 특산물로 만든 도시락을 파는데 맛이 있고 그것을 먹기 위해 철도를 이용하는 사람이 많다고 한다.

11. 관계

1) 잃어버린 반지

군대 있을 때에 테니스 동아리를 만들었다. 테니스장이 있었기에 사병들의 친목을 도모하기 위해 만들었고 선배들과 가끔 게임도 하였다. 전역할 때에 반지를 만들어 주는데 제대할 때에 나의 사무실에 둔 반지가 없어져 버렸다. 전역 후에 경산에서 한번 모임을 갖기도 하였다. 이제는 군대를 제대한 지도 오래되어서 이름만 기억날 뿐 나를 찾는 자가 없구나. 그리고 테니스 운동을 하지 않은 지 오래되었다. 나는 곱창이었다. 누군가 가져가 버렸다. 누가 나의 반지를 가져 갔을까?

2) 정보과

내가 근무한 공군 교육사령부에 정보, 작전과가 함께 사무실을 사용하고 있었다. 군사비밀과 대외비가 많이 오는 부서이고 지하에 사무실이 있고 출입구에 헌병이 경비를 서있는 부서이다. 장교나 주사

계급이 전화를 하면 군사비밀을 수령해 간다. 나의 한 기수 선배도 정보특기이고 장교는 고대 졸업했다고 하고 부인의 동생이 방위인데 이름이 기억나는구나. "JHY"인데 나의 고등학교 후배라고 하더라. 그 후배는 구청출입 기자를 하고 있다고 하더라.

3) 쿠폰

나는 1990년도에 공군 사병으로 근무하였다. 문서배포실이고 군사우편을 다루었다. 나의 선임이 장교들이 필요한 물품을 사기 위한 쿠폰이 있다고 하였다. 서신 봉투를 개봉하여 약간 사용하라고 하여 사용하였다. 그것으로 매점에서 필요한 것을 구입하곤 하였다.

4) 나이아가라 폭포(Naigara Waterfall)

캐나다의 나이아가라 폭포에 도착하여 배를 타고 폭포 아래의 무지개와 물줄기를 구경하였다. 서장훈, 안정환, 김용만과 함께 갔다. 미국의 나이아가라 폭포와 캐나다는 국경을 두고 관광지화 되어 있었다. 폭포에서 집라인을 타는데 서장훈은 키가 크고 몸무게가 초과되어 타지 못하는 촌극이 벌어졌다. 축구선수 출신 안정환과 나는 집라인을 탔다.

5) BJW

신림동에서 공부할 때에 자주 만난 사람이 있는데 BJW이었다. 대학원 후배인데 여자친구와 함께 공부를 하고 거주하는 것 같더라. 야식, 즉 라면을 KGC과 함께 식당에서 만났던 후배, 안산 캠퍼스이지만, 그의 큰아버지가 판사라고 들었다. 얼마 후 두 사람은 헤어지더니 여자는 노동법에서 경제법으로 전공을 바꾸더라.

6) 동대생

신림동에서 고교동기 LGG와 SSG를 만났다. 부산 동아대를 나와서 행정고시 공부를 하고 있다고 두 사람 모두 7급 공무원 생활을 한다는 소식을 들었다. SSG는 산청이 고향이다. 그의 남동생이 부산에서 한의사를 하는데 할머니들이 많이 온다고 한다. 그런데 부산지역에는 동의대학교, 동서대학교, 동명대학교 등 대학의 교명에 "동"자라는 글자가 들어간 대학이 있다. 그들 대학들도 동대라고 하는 것인가?^^

서울에는 동국대학교가 있다.

7) KJS

행정법 전공인데 양재동에 있는 사찰에 다녔는데 양재동에서 만났다. 그의 아버님과 함께 가다가 마주친 것, 군대도 공군 장교로 간다고 하던데, 그런데 페이스북(facebook)에 있고 직장은 동부화재㈜에서 근무하더니 연락이 안 되는 같은 학번이지만 나이가 나보다 어리고 위로 누나가 4명이라고 말한 그 친구는 회사를 퇴직하고 무엇을 하고 있을까? 동부화재 사명이 DB손해보험으로 바뀌었더라.

8) 현대자동차

인터넷으로 원서를 제출하니 면접보고 출근하라는 것이었다. 서초동에 있는 강남 대리점이었다. "아반떼" 한 대를 팔고 고교 후배가 차를 산다는 것을 포기하고 그만두었다. 사우나에 가서 씻고 정장 입고 세일즈, 차 1대 팔기가 쉽지 않은 것, 모든 세일즈의 기본이 자동차 영업이라고 하던데, 소장 이름이 LHS이었고 한신대학교를 나왔다고 하던데. 차장은 오래하다가 보험회사, 외국계 회사를 소개시켜 줄 수 있다고 했지만….

9) 뉴코아 백화점(Newcore Department)

집에 아버님의 건강이 안 좋아지자, 대학원 석사 과정을 포기하여야 했다. 공부를 하는데도 돈이 들지 않는가! 벼룩시장을 보다가 이력서를 들고 갔다. 289번 버스를 타고 고속버스터미널 건너편에 있는 뉴코아 백화점으로 갔다. 지하에 수산물 코너였는데 과장은 없고 횟집 사장님과 면접을 보고 출근하게 되었다. 회를 많이 얻어먹었는데…. 수산물 코너의 과장은 남해 출신이라고 하였다. 판매하는 아줌마들은 실적이 좋아야 하고 서서 일을 하니 백화점 판매도 쉽지는 않는 직업이더라.

10) 쉐리트

부동산 회사인데 송파구 송파동에 위치하였다. 그루빌딩 2층에 있던 상가전문 회사다. 사장의 이름은 KJH인데 그의 부인도 영업하는데 키가 크고 예뻤는데 나의 대학 후배라는 말이 있더라. LYH인데, 강남에도 분점이 있는 부동산회사. 실적이 없었지만 좋은 경험을 하였고 체육대회도 하여 축구경기도 하였다. AMR이라는 여직원 이름도 기억이 나는구나.

11) 기획 부동산

서울의 강남에는 19년 전에 기획부동산이 많았고 언론에 두들겨 맞고 이미지가 안 좋은 회사였다. 입사하니 앉아서 전화를 하는 회사였고 강원도 평창군이 개발되니 투자자를 모집하는 부동산 회사였다. 퇴사하니 1만 원을 팀장이 주더라.

12) 모텔(Motel)

유제품회사에 다닐 적에 모텔생활을 많이 했기에 인력소개소를 통해, 충남 천안으로 갔다. 모텔 사장이 삼천포 출신이라고…. 침대 각 잡고 청소하고 지하에서 잠을 자고 적성이 안 맞고 선배가 나보다 나이도 한참 어리더라. 진주로 간다니까. 과장님이 교통비 하라고 7만 원을 주더라.

13) 식초

KSH와 함께 충남 홍성군의 식초를 만드는 농가를 갔다. SH의 승용차로 이동하였다. JSM이라는 농부는 누룩을 쌀로 빚는데 곰팡이를 배양하는 창고가 있었다. 전통주를를 3년이 지나면 식초가 된다고 한다. 쓴맛이 없어야 된다고 농부는 말씀을 하셨다. 술의 도수는 16도인데 초산균을 넣는다고 한다. 기다림의 식초 우리는 음식에 국물에 넣곤 하는데 단지 80여 개가 진열되어 있었다. J사장의 오랜 기다림의 식초 구경하고 몇 개 사가지고 왔다.

14) 보현사 청년회

공부를 계속 하다 보면 지친다. 나는 군대에서 법당에 다닌 후 복학하고 대구 시내에 있는 보현사 청년회에 다녔다. 그곳에서 KEJ, LYJ, KOJ, BTG 등을 알았다. 토요일 저녁7시에 법회가 있었다. 법회 마치고 곡차도 하고 차도 마시곤 했다. 경일대 다니는 LYJ가 마음에 들었다. 서울로 오기 전에 그녀를 만났다. 아버지는 건설업을 한다고 하던데, 남동생이 배웅 나왔던데 미남이더라.

서울로 대학원을 진학했기에 대구와는 발길이 가지 않는 도시가 되어 버렸다. 진주에서 왔다고 했고 "산청"에서 왔다고 말을 못했지….

대구백화점에 다니는 MMS는 "한번 놀러와라" 하던데. 사찰에 다니고 했지만 서울에 있는 모 사찰로 둥지를 옮기게 되었다. 카페도 있던데, 법회 후 좌석버스를 타고 본관 뒤 자취방으로 향한 내가 생각난다.

본관 뒤에서 자취하면서 저녁 공부 후에는 감나무 식당에서 라면을 먹곤 하였다. 식사는 24시간 학교식당에서 운영하길래 1,300원짜리 정식과 가끔 가다가 특식을 사먹곤 했다. 그런데 서울로 가니 주말에는 학교식당이 쉬더라.

　사립대학이지만 주변 방값이 저렴하고 식당에서 밥을 356일 운영하니, 그리고 매점에서 빵도 사먹고 우유도 마시고, 지방대학이지만 정든 학교였는데. 때론 미대 뒤편에서 자취하다가 청바지를 도난당하기도 했다. 물론 1학년때에는 기숙사 생활을 하였다. 4명이 사용하는 방, KR이 군대 간다고 하룻밤 자고 갔다.

　그리고 대학 고시원생활, 기숙사 인근에 있었는데, 학교가 워낙 크니 자전거를 타고 다녔고 수업은 듣지 않고 공부에 전념하였다. 학점은 2.95가 나왔다. 법학과는 150학점이라 졸업도 까다로웠다. 가끔 꿈에 고시원 생활이 나타나더라

15) 옥천고시원

　기숙사에서 나온 후 학교 건너편 고시원에서 생활을 하였다. 하루는 고시원 셔터문이 내려져 있길래 문을 일찍 닫는가 싶었다. 할 수 없어서 주변에 있는 여관에서 잠을 잤다. 동문이 없는 대학, 다른 고시원으로 가니 겨울에 왜 그렇게 방이 추운지, 그리고 인근 고시원으로

옮기니 간판에서 웬 소리가 나든지. 그러니까 군대 가기 전의 생활이었던 것 같다. 편입하는 사람, 다시 대입 공부한다고 캠퍼스를 떠나는 사람….

주변에 LMH와 WSK는 함께 방을 쓰고 있었다. 가면 녹차 한잔 얻어먹고 왔는데…, LHS는 자취방에서 기타 치고 부산대 도서관학과 다니는 시골 친구와 사귀고 있었는데 군대는 안 가고 대학원을 가더라. 기계 공학도였던 그 친구는 미국에서 살고 있다.

축산경영학과에 다니는 창녕 출신의 친구는 ROTC 장교로 군대 간다고 하더라. 결국 고교 동기 4명이니 초창기에는 헤맬 수밖에 없는 대학 생활, 진주 지역 고교 모임도 한 번 한 것 같다. 우리 과에 대아고의 PSI와 제일여고의 WHY이 있었는데 진로가 다르니….

고시공부하면서 사람들과 사귀고 서울에 가니 같은 대학 동문끼리 어울리게 되더라.

시험에 합격 못하며 큰 위험이 따르는 고등고시 제도, 지금은 로스쿨이 도입되었지만 공부하는 데 돈 많이 까먹었다.

12. 지역

1) 남해군

남해군에는 한달 살아보기, 남해군에서 추진하는 지역 활성화 프로젝트. JCJ의 고향 남해군, 남해도립대학을 구경하고, 지금은 창원대학교로 통합되었지만, 카페 주인인 SBD씨가 운영하는 카페에서 커피를 마시고 숙소에서 생각하고 민박집 같은 분위기, 5년 동안 진행된 남해군의 지역 소멸 방지 대책으로 공짜로 한옥 숙소를 제공한다. 그리고 여행체험담을 제출하면 100만 원을 지급한다고 한다. 열쇠고리와 티셔츠를 만드는 공방이 있는 특이한 농촌의 사업이었다.

2) 충북 제천시

내가 대학에서 만난 충북 제천 출신의 문화인류학과 전공 SIW과 제천으로 놀러갔다 그녀는 반려견을 데리고 나왔다. 풍경호 주변에 꽃이 피고 카페도 있었다. 주변에 큰 의자가 있었고 사진을 찍어 주었다. 그녀와 시원한 냉커피 한잔하면서 그동안 어떻게 살아왔는지 대화를 나누었다. 파란 청바지를 입고 온 그녀는 대학시절 내가 따라다녔던 여인.

3) 청산 삼거리 상회(청산상회)

J사장은 아들을 매점할 때 낳았다고 한다. 법물초교 6학년 때 진주 배영초교를 나와서 진중중학교 그리고 대아고등학교, 경상대에서 이학 박사를 취득하였고 며느리는 공학 박사로 경상대학에서 연구소에서 근무한다고 한다. 아들은 진주혁신도시에서 연구소에 근무하고 40여 년을 청산상회를 운영하고 담배와 맥주가 잘나간다고 한다. 나무가 슈퍼를 둘러쌓고 있어서 그늘이 있더라. 시원하더라.

4) 커피(Coffee)

우리나라에 치킨집이 2만 개, 커피판매점은 8만 개 그리고 커피믹스가 시골마을회관이나 가정집에 가면 다 있는 경우가 많다. 커피를 애용하는 것은 이슬람교들이 졸음을 막기 위해 예배 중에 커피를 마셨다. 전쟁 중에 병사들이 졸음을 막기 위해 애용한 기호식품이다. 또한 공장에서 현장에서의 근로자들이 많이 마셨다. 즉 각성효과로 노동생산성을 높였다. 그리고 우유를 커피에 섞어 먹는 모닝카페를 직장에서는 식사 후에 마시곤 한다.

커피를 많이 마시면 이뇨효과가 있어서 소변을 보게 된다. 커피의 유용론과 무용론에 관한 논쟁은 아직도 계속되고 있다.

5) 체코

베헤르보카는 체코의 전통술이고 온천수로 술을 만드는데 200ml 병에 담아서 판매를 한다. 맛은 허브향이 나고 그들은 그 술을 약주라고 한다. 서울 진선여고 친구인 OSM이 초청하여 수도 프라하에 가봤다. SM의 차를 타고 가니 맥주 스파였다. 중세 유럽에서 맥주로 목욕을 하고 민간요법으로 사용되었다고 한다. 그래서 그들에게는 비누가 필요 없었다. SM과 맥주를 마시고 그녀의 집으로 가서 그녀와 간단한 식사를 하였다. 나는 그녀에게 답례로 스카프를 사주었다.

6) 수영(Swimming)

대학 친구 KJS를 만난 후 수영을 권해서 신림동 학생실내체육관에 가서 수영을 했다. 그 친구는 안동 출신인데 뚱뚱해서 수영을 한다고 한다. 나는 건강을 위해 수영을 가끔하였다. 지난 달까지 한 달에 한 번 수영을 했는데 최근에 날씨가 너무 더워서 못 갔다.

7) 악기

중국 악기 쉰, 유방과 항우의 전투에서 사용한 악기로 "사면초가" 사자성어가 여기서 유래되었다. 중국 푸저우의 물의 도시, 졸정원(중국4대 정원의 하나)에 LJE와 함께 가보니 할아버지가 악기를 불고 있었다. LJE는 운용마을 출신으로 나와 친척인데 이화여대에서 중국어 통역대학원을 마치고 그녀와 함께 간 것이다. 그녀의 어머님은 진주에서 서점을 경영하고 계신다.

8) 인도 캘커타

아침에는 까마귀소리가 나고 인력거가 있고 택시, 전기버스 그리고 기마경찰이 지나가고 진흙을 나르는 아저씨가 진흙으로 만든 힌두신이 보이고 주변 건물에서 대학생들은 전기기타로 서양음악을 연주하고 시장 상인들의 인력거를 운전하는 사람들이 짐을 실어다 주고 주변에는 버스도 지나간다. 여러 교통 수단이 아침에 보인다. 조금 근대화가 더딘 인도의 모습인 것 같다. 릭샤라는 운반 수단이 3,000대가 있다고 한다. 한번 이용하는 비용으로 20루피를 번다고 한다. 그 돈을 고향으로 보내주고 딸 결혼 지참금으로 사용한다고 한다.

한편으로는 양떼를 몰고 가는 어린 목동들이 보이고 인력거 아저

씨들은 손님을 기다린다.

다른 건물 위에서 인도 전통 악기로 연주하는 사람들이 있더라. 그들은 30년째 한팀으로 연주하고 있다고 한다. 그 악기는 북이 있고 기타줄도 크고 많더라.

그들은 자신들이 선택한 일이라고 한다. 캘커타 사람들의 얼굴은 까맣더라. 우리나라의 피리와 비슷한데 샤나이라는 악기인데 구멍이 7개더라. 사람들은 병을 고쳐주는 악기라고 한다.

또 걷다 보니 나무로 힌두교 신전을 만들고 있었다. 대나무로. 그들은 저녁에는 신을 깨우는 악기를 들고 도시로 온 사람들, 도로변에 밤인데 사람들이 가득하다.

배우 이영애의 책 〈인도에는 카레가 없다〉를 읽어 본 것 같다. 무질서 속에 질서가 있는 인도 그들은 결코 가난하지 않다고 적혀진 그 배우가 쓴 책의 내용이 생각이 나는구나.

9) 광주은행(Kwangjoo Bank)

서울에 있을 때 광주은행 통장을 개설했다. 그런데 18년만에 계좌를 복원시키기 위해 서울 서초동에 있는 광주은행을 찾았다. 직원의 이름은 HMS이었다. 3층에 위치한 광주은행, 통장 복구가 안 되고 개설도 불가능하다고 하더라. 통장을 해지하고 1만 원을 받고 은행을 나섰다. 그리고 H대리에게 "주위에 우체국이 있나"고 물었더니 법원에 있다고 해서 서울중앙법원으로 갔다. 때마침 점심시간이었다. 식당이 있어서 점심을 먹었다. 식당이 상당히 넓었다. 서신 8통을 보내고 법원을 나섰다. 그런데 버스노선을 물어보아도 사람들은 모르는 것이었다. 지하철이 바로 인근에 있기 때문인지….

10) 반가운 비

그동안 폭염경보로 뜨거운 7월 초였는데 오늘 비가 계속해서 내린다. 오후 2시부터 지금 10시인데도 비는 계속 내린다. 벼농사에 심각한 타격을 준 폭염, 비가 내려야 밤나무, 감나무의 열매가 서서히 자란다.

11) 자전거 타기

단계에서 봉계마을을 거쳐 청산마을에 있는 슈퍼에서 소주 반 병과 소시지를 먹고 담배도 피우고 법물마을을 지나 법서마을을 구경하고 집으로 왔다. 법물마을에는 포도를 경작하는 것이 보였다. YC의 고모님께 YC가 중국 어디에 사느냐고 여쭈어 보니 항도에 산다고 한다. 예전에 자가용으로 나를 실어준 천혜암에 들리니 스님은 주무시고 계셨다. 그래서 발길을 돌려야 했다.

13. 삶

1) 1인 사무실

나는 군대에서 혼자 근무했다. JSH 선배는 나의 사무실에 와서 담배를 피고 가고, HDG는 전화기를 사용하고 대부분 고참들은 전화기를 사용하고 외출 갈 때에 나의 사무실에 모여서 분대장에게 보고하러 가는 사무실이었다. 사병 사이에는 "하이 파이브"라고 하던데 보직이 좋다고 하더라.

2) 비서실

인사행정처 소속인 나의 사무실과 비서실은 관계가 없는데 내가 소개해준 KTJ 친구를 부관으로 배치시켜주었다. ODH와 GTS 등….

나는 전령이었다. 그래서 비밀을 다루고 대외비를 다루고, 비서실 사병들은 내무반 생활을 하지 않는 직감 생활을 하였고 아침은 어떻게 때웠는지 모르겠나 점심은 먹으러 가더라.

3) 요르단

 박명수, 이무진, 김새화 등과 렌터카를 타고 도로가를 가는데 커피를 파는 가게 앞에는 손님을 유인하기 위해 춤을 추고 있었다. 요르단의 대부분의 카페에서 장사가 잘 되기 위해 홍보겸 커피 마시고 가라는 의미에서 춤을 추는 남자가 있다. 김새화는 아라빅커피 맛이 났다고. 카페에는 과자 등을 팔고 있었다.

4) 스케치(Sketch)

 내가 침대에서 LDS의 부드러운 등을 만지니 그녀의 그것이 나의 속으로 들어왔다. 그녀의 부드러운 입술과 나의 입술이 만나 만리장성을 쌓았다. 그녀의 방에는 기타가 있었다. 나는 와이셔츠를 입고 말없이 나왔다. 그녀의 먼 머리카락과 곡선미 넘치는 몸매가 붉은 조명 아래 빛났다. LDS가 나에게 문자를 보냈다.

 "오빠" 보고 싶다고. 그녀는 샤워를 하면서 우리들의 사랑을 그림으로 그려 나에게 보내 주었다. 나는 자전거를 타고 그녀를 지나갔고 그녀는 형이상학적인 그림을 나에게 주었다. 매혹적인 사랑을 그리고 있다고 그녀는 말을 하였다.

5) 트럼프 그 녀석

미국의 대통령 트럼프의 아버지는 뉴욕의 건설회사의 목수로 일을 하다가 재산을 모았다고 트럼프가 이야기를 했다. 그는 초등학교 시절 악동이었고 음악선생을 폭행하는 등 문제아였다고 한다. 그의 아버지가 뉴욕에 있는 군사학교로 진학을 시켰다. 대학은 일론 머스크와 같은 뉴욕에 있는 와튼스쿨에서 경영학을 공부한 후 그의 아버지가 하던 부동산 사업을 하여 재산을 모으고 카지노사업과 미녀사업까지 사업의 영역을 넓혀갔다.

그는 〈거래의 기술〉 등 성공사례를 책으로 출간하여 베스트셀러로 인기를 끌었다. 결혼을 3번 했다고 한다. 그는 코모도어 호텔을 인수하여 이름을 하얏트호텔로 바꾸어 리모델을 한 후 개관하였다. 다이아몬드 수저로 럭비와 야구를 잘했다고 하지만 운동신경은 없는 듯 보였다.

체격은 좋은데 운동신경은 별로였고 영어가 전통영어가 아니었다. 그는 체코 출신의 미녀인 현재의 아내와 살고 있고 미국의 대통령을 2번하는 등, 하지만 그가 농업을 아는지 내가 물어보니 모른다고 하니 우리는 가까워질 수 없는 사이이고 서로 인종이 다르고 백인 우월주의 친구였다.

6) 가죽 가공공장

튀르키예의 수도 이스탄불을 거쳐 모로코의 카사블랑카를 지나 승용차를 타고 가면 전통적으로 1,000년을 이어오고 있는 가죽 염색 공장이 있다. 비둘기 배설물이 산성이기 때문에 그곳에 가죽을 담근다. 그리고 그것을 기계에 넣어서 씻어낸다. 그러고는 천연염료에 15일 동안 담가 놓아두면 염색이 되는데 노란색 만들기가 비싸다고 한다. 그들은 열악한 환경, 손으로 일하고 장화를 신고 일하는데 모로코(Morocco Repubic)의 자연 가죽은 유명하다고 한다.

7) 영국의 시골

북아일랜드에서 최근에 은퇴한 미국인 톰이 영국 시골로 귀농하였다. 8,000평의 땅에 정원과 꽃과 각종 식물을 심고 그녀의 아내 로제인은 허브 등을 가꾸고 아들 3명이 그들을 도와준다. 말을 키우는데 작은 말이다. 말똥을 퇴비로 사용하고 땅을 갈지 않는다. 이웃 주민 니콜라라는 여인이 도와주고 그들은 식사를 할 때 포크와 나이프를 사용한다. 빵과 닭고기를 주로 먹는 톰의 가족들…. 시렁재배법으로 벽에 식물을 키우고 영국의 전통주를 먹고 영국의 시골의 풍경을 보았는데 농촌은 거의 유사하면서 다르더라.

8) 유제품 판촉

유제품회사에 다닐 적에 각종 기업의 영업점을 방문하여 유제품 주문을 받는다. 보험회사에 가면 주문을 쉽게 받는다. 대부분이 아줌마이기 때문이다. 그리고 화장품회사나 알로에 마임 등 여자들이 영업하는 데 들어가면 알로에 마임 샘플과 유제품을 교환한다, 각종 화장품 샘플도 받아온다. 그리고 송파구 등촌 주공아파트에는 6년근 인삼으로 만든 제품과 우유를 잘 교환하면서 먹었는데 피로회복에 그 제품이 탁월하더라. 이름이 생각나지 않는구나. 주문을 못 받더라도 식품은 샘플을 뿌리는 것이 곧 홍보이다.

9) 단계 전통시장

14일은 단계 오일장, 경운기에 열무우와 옥수수를 싣고 가다. 호박, 즉 단호박을 HYJ 상인에게 주고 삼겹살 얻어먹고 사람도 없고 열무가 안 팔리니 KJH, KJY, 당진 이모에게 농협 택배로 보내다. 7년간 땅속에서 살다가 7일 산다는 매미 소리가 울리는 시골, 이제 점심 먹을 시간이구나. 방울 토마토는 풍년이다. 토마토에 물을 주니 키도 크지만 붉게 익은 방울 토마토가 빛나는구나.

10) 영화배우 - 키아누 리브스

키아누 리브스는 미국 영화배우다. 그는 〈매트릭스〉에서 선글라스를 쓰고 적의 총알을 피하던 날씬한 몸매의 헐리우드 배우다. 매트릭스에서 여배우와 좋은 연기를 보여주었다. 이 매트릭스는 가상과 현실을 오가는 영화이다. 또한 〈콘스탄틴〉에서 악으로부터 세상을 구하는 역할을 한다. 그는 불교에 관심을 가진 헐리우드 배우로 알려져 있다. 최근 영화에는 볼 수 없었다. 코로나 펜데믹으로 미국의 헐리우드 영화가 흥행에 실패하고 최근에는 총기를 사용하는 영화와 외계인 영화 등, 자동차를 이용하여 영화가 고도의 기술을 요하는 영화를 선보이고 있다.

11) 중국 네이멍구(내몽고)

몽골족이 대부분인 중국의 북부 네이멍구에는 소수민족이 다수이고 한족이 적고 전체 면적의 69%가 초원으로 구성되어 있는 지역이다. 성도에 가니 커다란 징기스칸의 상이 있더라, 말을 탄 징기스칸의 우렁찬 모습이…. 단국대학교 류명제 교수와 함께 갔다. 후룬베이얼 대초원에서 말을 탄 청년들이 깃발을 들고 말을 능숙하게 타면서 달리고 있더라. 초원에는 몽골족의 거주지인 집이 보이고 여자들은 그들에게 찾아오는 손님들에게 하마주라는 술을 대접한다. 하마주를 거절하면 큰 실례라고 류교수는 이야기하더라.

또 다른 초원, 거린타라 초원으로 가니 몽골민족의 최대축제인 나담축제가 열리고 있었다. 많은 사람들이 있었다. 축제 행사장에는 낙타도 보였다. 말을 탄 남자들과 그들의 전통 씨름대회도 있었다.

12) 예비단

군 복무 시절 오후 2시에서 3시경에 예비단으로 병적기록부를 배송해준다. 수송대대에 전화하면 차량이 온다. 예비단으로 병적기록부가 다량으로 오고 그 부서에서 관리하기 때문인지 무거운 봉투를 수송대의 차량에 싣고 예비단으로 갖다 주었다.

13) 중앙문서보관소

내가 군대에서 상병이었을 때에 제5전투비행단에서 중문소가 이전되어 왔다. 법무관실의 LKS와 동기인 JPW가 새로 왔다. 그가 외출가면 내가 대신 사무실을 지켜야 했다. 밤에 사람이 상주해야 하는 부서였다. 군무원도 있고 사병 티오는 1명이다. 그는 S대학을 나오고 통영이 고향이고 부모님은 숙박업에 종사하고 지금은 사천시에서 약국을 운영하고 있다. 낮에 보관해 놓은 문서를 살피다가 추락한 전투기의 조종사의 시신을 그대로 사진을 찍어 놓은 것을 보았는데 빨간색만 남아 있더라. 충격적인 사진이었다.

14) 아마존(Amazon)

아마존에 가니 원주민들이 있는데 이승윤과 함께 갔다. 그곳에도 커피점이 있는데 고구마라떼를 먹었다. 직원의 이름은 세레라라고 하는데 마세드족의 여인이었다. 그들 부족은 깊은 산속, 정글 속에서 살고 개를 데리고 다니면서 사냥을 하면서 생계를 유지한다. 그들의 사냥방법은 화살과 창을 들고 이상한 소리를 낸다. 원숭이언어를 구사하는 원주민 "아악"이라고 남자들이 외친다.

그 부족들의 집은 간단하더라. 나무로 지붕은 나무줄기를 덮고 정글 속에 살고 잇는 원시적인 삶을 살고 있지만 우리들과의 삶과 다른 산 사나이들이고 자연인이라고 생각되었다.

15) 노르웨이 음식

베르겐 어시장에 가서 대구 알에다 계란을 넣고 이름이 하우글란드 요리사가 작은 그릇을 주는데 포크와 칼로 먹었다. 노르웨이인들은 쌀이 주식이 아니고 빵이었다. 주변 가게에서는 치즈를 파는데 갈색 치즈였는데 네모낳게 만든 것이다. 단 전체가 깊은 골짜기에 농가가 있었다. 그리고 염소를 기르는 농가도 있었다.

나의 옛 연인 UJI과 함께 갔었다. 그녀가 영어를 잘했기에 그녀와 함께 그녀의 승용차를 타고 갔다. 어떤 농가에 가보니 염소 우유로 치즈를 만드는 것을 보았다. 그리고 우리는 작은 모텔에서 화려한 노르웨이에서 서로 정을 나누었다.

노르웨이는 지구상에서 북쪽에 위치한 국가이다. 그러기에 극야현상이 나타난다. 밤인데도 태양이 있다. 젊은이들이 나무로 큰 탑을 쌓은 후 축제날에 그 탑의 위에서 불을 놓아 해변가를 그 불이 밝혀주고 사람들이 커다란 불덩어리를 구경을 한다.

16) 경남 하동

고등학교 친구 YKH의 고향인 하동에 혼자 버스를 타고 갔다. HDI도 같은 옥종면 옥종 중학교 동문이고 친구이고 공부를 잘했다고 학교 다닐 적에 말을 하던데, 산속 위에 정자로 된 식당에서 호박 잎과 검은 쌀로 만든 밥에 고추와 된장으로 차려진 식사를 하였다. 나의 고교 동기인 BJ와 함께 갔는데 물레방아가 돌아가는 집이 있었다. 고전적이고 낭만적인 물을 이용해서 돌아가는 물레방아였는데, 예전에 모래에도 그렇게 물레를 이용해서 쌀을 찧는 방앗간이 있었는데, 내가 초등학교 다닐 적에….

옥수수가 도로가 주변에 우뚝 서 있었다.

17) 미국의 골동품(전당포)가게

미국 50개 주 중에 조지아 주에 가면 골동품가게가 있더라. 도시 이름은 기억이 나지 않는다. 그 골동품 가게에 들어가니 건물과 나무 그리고 기차가 있는 모형이 전시되어 있는데 사람들이 비싸게 사간다고 한다. 3만 달러에 팔았다고 그 사장은 이야기를 한다. 그 가게에는 미국인들이 사용하다가 오래되었고 가치가 있는 물건들이 진열되어 있었다. 기타도 걸려져 있었고 간판과 아시아 지역에서 볼 수 있는 불상도….

찾는 손님들이 많고 일본식 검 그리고 주전자, 도자기 등이 있었다.

우리나라에서 강승화 아나운서가 진행하는 〈TV쇼 진품명품〉처럼 이상한 물건을 볼 수 있었다.

14. 음식

1) 홍콩 음식

이지나와 칼슨이 홍콩식당에 가니 마늘과 담무지가 있는 음식인데 맛이 있어서 탕수육을 추가하였다. 중국산 술을 함께 먹었다. 중국산 술은 도수가 높지만 병의 크기가 작다. 우리나라에서 중국음식은 가격이 저렴하고 서민들이 먹는 음식이다. 일부 도시에는 고급식당이 있기는 하다. 진주 시내에도 2년 전에는 있었는데 사라지고 국내 브랜드의 식당들이 즐비하더라. 내가 사는 신등면에는 중국집이 3곳이나 영업하고 있다.

이지나와 칼슨이 홍콩에 여행 갔다 온 후 나에게 들려준 것인데 홍콩에는 중화요리가 없다고 한다. 고급 상어지느러미 요리를 즐기곤 하는데….

2) JP 모건

미국의 위대한 가문 중에는 모건 가문이 있다. 그의 친구 잭은 아버지와 같이 뛰어난 인맥이 주변에 많았다. 잭은 결혼 후 4명의 자녀를 두었고 유능한 은행원이었다. 1826년도에 철도사업을 시작하였다. 1907년도에는 미국에 주식이 폭락하여 금융위기가 왔다.

JP 모건은 흩어진 기업을 모아서 은행가와 신탁 운영가들이 위기를 극복하기 위해 자금의 유동성을 확보하기 위해 연방정부에 찾아가고 혼자 자신의 사무실에서 연구하였고 JP 모건의 계획안에 정부가 동의·승인하였다. JP 모건이 미국연방 준비제의 전신이 되었다. 언론의 주목을 받았다. 그는 미국 경제를 안정시킨 인물로 평가받고 있다. 그의 파트너 잭의 도움이 있었다.

3) 원룸과 자전거

경상국립대 주변 원룸에는 자전거가 많더라. 학생들이 자전거를 타고 학교로 수업을 들으러 가는 것인가 싶다. 걸어서 가는 것보다, 대학 캠퍼스가 크니 운동도 하고 시간을 단축하여 학업에 도움을 주는 자전거.

4) 롯데리아(Lotteria)

진주시 개양 5거리에 롯데리아가 있다. 아침 9시에 리아 버거와 콜라를 먹으니, 세금이 635원이 부가되더라. 배달직원 4명에 매장에도 손님이 있었다. 서양식 패스트푸드 대리점인 그 매점의 직원도 2~3명이 있었다. 냉커피가 2,500원으로 다소 저가였다. 주변에는 맥도널드가 있어 두 개의 패스트푸드점이 선의의 경쟁을 하고 있다.

5) 대학 때 알게 된 여자

대학 다닐 적에 좌석버스에서 옆 좌석에 탄 여학생이 있었는데 미술대학 94학번 응용미술과 다니는 LSA였다. 미대에 찾아가고 했는데 결국 고시 공부한다고 포기한 여인, 키가 크고 헤어스타일은 토끼머리를 자주 하던 후배였다. 나의 자취방으로 가는 길에 가끔 인사하고 지나가는 관계였는데, 나중에 전화를 집으로 하니 중국으로 유학을 갔다고 한다.

그리고 대구의 한 사찰에서 알게 된 음악대학의 관현학과 93학번의 이름은 PMS이었다. 그녀는 사찰에서 어린이 법회의 교사였는데, 주변에서 같은 대학 다니니 소개로 알게 되었다. 그녀의 친구와 함께 피자와 콜라를 먹었다. 캠퍼스 건너편에서 차를 한잔한 후배인데 그녀는 키가 작고 귀여웠다. 동창회 회원 명부에 주소가 있어서 서신을 보내니 반송되어 왔다. 이사를 한 것으로 보인다.

후배 PSU가 좋아했던 JEM이 있었는데 키가 크고 인상도 좋은 여자던데… 고시원에서 생활하면서 보니 예비역 선배와 함께 다니고 하더라. SU는 항상 그녀에 대해 이야기 하던데… SU는 결국 한 여자와 관계를 가진 후에 군법무관 시험에 합격하였고 결혼을 한 후배이다.

대구의 한사찰에서 KEJ, LYJ, MMS 등을 알게 되었는데 LYJ이 마음에 들었다. 결국 서울로 가면서 주스 한잔하고 그녀를 집까지 데려다 주니 남동생이 나와 있더라. 그녀의 아버님은 건설업을 한다고 하던데….

지금은 그때의 여자들이 생각나고 누구와 살고 어떻게 살아가는지 궁금하기도 하다.

6) 부산학원

인문계 고등학교는 보통 대학 진학을 목표로 공부를 한다. 나의 또래의 학생 수가 100만 명 된다고 한다. 고 3때 학력고사도 못 보고 공무원 공부한다고 결심했으나 아버지가 재수를 하라고 하여 서울로 갔었다. 종로학원, 학원에 대한 지식이 없는 상태, 부산학원으로 가서 종합반에서 3개월 하다가, SIJ를 만났고, 단과반에 다니다가 제주도 친구 KNG과 KHB을, 포항에서 온 KST를 알게 되었다.

고교 친구 YKH와 YTC는 옆에 잇는 범천학원에서 다니더라. LBH도 만났고 YJS도 그때 만났다.

적응 못하고 방황을 하다가 진주로 와서 공부하다가 대학은 진학하였다.

7) 단계마을의 여인

중학교 때 JHJ를 흠모하였는데 고등학교 다닐 적에 단계에서 안 보이더라. 그런데 미국 하와이로 유학간 KMO를 알게 되어 진주터미널에서 만남이 있었다. KYM과도 함께 그녀와 이야기를 나누고 나의 집으로 전화를 하고 서로 잘 지냈다.

그런데 나는 군대 가기전에 JHJ를 만났다. 그녀의 집까지 바래다주고 훈련병을 마치고 첫 휴가 때 그녀를 만났다. 그런데 부대에 KMO로부터 편지가 왔다. 그래서 나도 답장을 해주었다. 그녀는 그녀의 사진이 담긴 엽서를 보내주었다. 두 여자가, 그것도 친구가, 나는 고시공부를 할려고 결심했기에 포기해버리고 여자를 멀리하고 열심히 했지만 좋은 결과로 이어지지는 않았다.

귀농 후 HJ와 통화하고 동창회에서 만나고 KJH라는 친구를 자주 상조화 때 보니 마음이 갔지만 결혼한 아줌마, 그렇게 단계마을의 여인이자 친구이지만 이성으로 그러한 감정이 없는 것은 없을 수 없다.

결국 HJ와 JH를 만나고 연락이 되는 혼자사는 남자로서 오랫동안 서로를 아니까, 하지만 그녀들에 대해 아는 것이 없는 나, 능력이 없으니 새로운 이성을 만날 수 없는 농촌 총각의 현실이다.

8) 뉴욕생명(Newyork life)

내가 처음 직장을 다닌 회사가 보험회사다. 외환 위기로 기업이 부도나도 국가부도가 발생한 지 2년이 경과한 시점에서 뉴욕생명에 다녀보았다. 안양시에 위치한 외국계 보험회사, 왕십리에서 지하철로 한 시간이 걸리는 기업이었는데 설계사 자격증만 따고 나왔다. 너무 거리가 먼 곳이었다. 그때의 팀장이 KYH라는 분인데….

9) 에로 3인방

신림동에서 고시공부 시절 89학번 HSH가 지어준 별칭, KJS와 LWJ 그리고 나, 3명은 비디오를 보러 자주 다녀 지어준 것이다.

비디오를 보면서 영화를 알았다. 심심하고 할 게 없으면 비디오영화를 친목도모로 즐긴 것이다.

WJ는 공무원을 하고 있지만 JS의 소식은 들은 바 없다.

TV를 접할 수 없는 시절이고 신문은 구멍가게애서 구매하고 독서실 휴게소에서 볼 수 있었다.

10) 신림동에서 만난 사람

서울 관악구 신림동에서 대학동문을 알게 되고 비디오를 같이 보고 식사도 함께 하고 KYD, KJS, HSS, LST, ABD 그리고 후배로 KTK의 대구 경신고등학교 동기와 후배들 그리고 89학번의 HSH와 91학번의 JKS, YSB 선배, PSU 후배, CMG, LSH, YYG, 나에게 유자와 오겹살을 사주던 야간대학생 KPS가 생각나는구나.

11) 편의점 사장

진주시 동성상가 지하에 컴퓨터 수리점이 3곳 있다. 모든 컴퓨터 수리센터에서 컴퓨터를 가지고 오라고 한다. 산청군에는 출장 못 간다고 한다. 배가 고파서 1층 편의점에 물건을 구매하고 나의 USB를 보여주니 그 사장은 자신의 노트북에 넣더니 이상이 없다고 한다. 자산은 직업이 2~3개 가지고 활동을 하는데 편의점은 아들이 운영하는데 아들이 해외여행을 가서 자신이 대신 봐주고 있다고 한다. 진주상고와 경남 과기대를 나왔다는 사장은 위에 아파트가 있어서 넓은 휴게실에서 맥주를 찾는 손님이 많다고 한다.

12) 일요일 장보기

진주시외버스 터미널에 내려서 중앙시장 반가게는 장사하지 않고 건너편 홍삼 가게에서 홍삼을 낱개로 구입하였다. 중앙시장 새벽 시장이 끝나가고 상봉동으로 가는 길에 참마트에서 두유와 우유를 낱개로 구매하고 사장의 사촌언니가 산청읍에 있는 공공아파트에서 산다고 한다. 상봉동사무소 인근 반찬가게에 들러 서부시장에서 반찬을 샀다. 일요일이라 쉬는 사업장이 다수였다. The Mart에서 생필품을 구매하고 봉곡버스터미널에서 버스에 올랐다.

15. 주변인

1) 영화 – 엔트랩먼트(Entrapment)

숀 코넬리와 미녀 배우 캐서린 제타존스가 출연한 영화인데 아세안의 의장국가인 말레이시아의 고층 빌딩으로 맥(숀코네리)이 파란 옷을 입고 건물 안으로 들어간다. 한 남성이 추적하지만 그를 놓친다. 맥은 CCTV의 회로선을 자르고 리아(제타폰스)와 고가의 미술품이 있는 방으로 들어간다. 그날이 새해를 맞는 해이라 모두가 축제 분위기였다. 주식의 한해 마감하는 날 맥은 그의 계좌로 70억 불을 입금한다. 그때 경보시스템이 작동되고 경찰이 투입되는데….

두 사람은 환기 통을 통해 맥이 리아를 탈출시킨다. 낙하산을 이용해서…. 그 두 사람은 푸두역에서 만나기로 하고 그녀를 체포하는 것이 맥의 임무였으나 미국 FBI의 추적을 따돌리고 기차를 타고 도주한다.

그 두 사람은 미국의 보스톤의 외곽 산악시대의 나무로 된 집에서 만나 이별의 식사를 한다. 턱수염이 하얀 숀 코넬리의 자연스러운 연기와 캐서린 제타존스의 섹시한 의상이 돋보인 영화다.

2) 손항마을 사람

군내버스를 타기 위해 신등중학교의 수청슈퍼로 걸어 가고 있는데 트럭이 오더니 기사분이 타라고 한다. 손항마을 사람인데 황매산 근처에서 농사를 짓고 있다고 한다. 이번 폭우로 손항마을의 논도 많은 피해를 입었다고 한다. 운용마을의 JHU를 알고 있었다. HU 형과 동기인가 싶더라. 인근 송림가든에 나를 내려주고 그 사람은 청산 쪽으로 방향을 돌리고 가더라.

3) 200만 원

귀촌한 초기에는 나에게 오토바이가 있었다. 중고 오토바이인데 번호판도 없는 오토바이였다. 오토바이를 타고 김천으로 가서 기차를 타고 영등포역에 내려서 여의도 순복음교회가 보이는 주변의 국회에도 갔었다. 국회에 가니 유정현 의원을 보았다. 키가 크고 날씬하더만…. 엘리베이터를 승차하기 위해 기다리고 있었다. 강북으로 가서 유정현 의원실에 들어가서 인근에 수영장이 있냐고 물어보니 사무실 여자분이 안내해주었다.

진주의 한마음 선원에 들어 갔다. 현대식 사찰로 잘 지어진 건물이었다. 법당으로 가니 봉투가 2개 있길래 들고 나왔다. 각각 100만 원이니 200만 원이더라. 세월이 흘러 올해 초에 그 사찰에 가서 ㈜조선호텔의 LBJ 사장의 심부름으로 70만 원을 주고 왔다. 진주에서 외곽에 있는 사찰, 한번은 걸어서 대곡면을 지나 미천면에 있는 그곳에, 셋째 일요일에 법회가 있어서 2번 더 70만 원을 주고 빚을 갚았다. 명신고등학교 근처에 택시를 타고 들어가야 되고 걸어가는 아줌마에게 여쭤보니 시내버스가 하루에 4번 다닌다고 한다. 그곳으로 가는 길에 승마장이 있었고 원예농협이 많았다. 그리고 외국인 전용 마트가 있었는데 태국에서 온 여자가 카운터를 보고 있었다.

4) 대구 이모

군대 있을 때에 대구 이모님이 박스에 과자 등을 넣어서 우편물을 보내주셨다. 대구 명덕교회에 다니셨던 이모였다. 나도 졸병 때에 군대 안에 있는 교회에 다닌 적이 있다. 장교나 하사관들이 사복을 입고 여자들도 교회에 오곤 하였다. 군부대 내에 관사가 있었기 때문이다. 기간사병에게 아무것도 주지 마라고 말하는 목사님의 말씀, 기간사병에게 아무것고 안 주었지만 교회 예배 후에는 초코파이와 빵을 교회에서 주었다. 사찰에 가면 떡을 얻어먹고 오는 사병들이었다. 군대 내의 짠밥으로 생활하기 힘든 영양소를 성당에 가도 사병에게 음식을 주어서 일요일이면 쫄병들은 종교기관에 참석한다. 고참이 되면 안가게 되지만 군종실에는 방위도 있었다. 나의 후배 PSH가 교회 군종병으로 일찍 내무반 생활을 안 하고 교회의 부속 건물에서 생활하는 군종병이었다.

나의 이모님은 내가 대학 다닐적에 교회에 나간적이 있는데 경산에서 대구까지는 너무 멀어서 못가게 되었다. 나의 막내 이모도 이모 주변에서 살고 교회에 다니셨었는데 영천으로 가서 살다가 인천에서 거주하다가 지금은 충남 당진시에서 살고 있다. 가끔 대구 이모는 연락이 오곤하고 두 사촌동생을 대구에 살 때 만난곤 했는데 나이차이가 8~9살 차이 나는 사촌 동생이었지만, 독실한 크리스찬이신 대구 이모님의 댁에 가서 자고 오곤 했는데 시어머님이 계셨고 주변에 밭에서 일을 하셨고 송현동의 단독주택에 살았고 이모부가 국가유공자라서 가난하지 않은 삶을 사시고 2층으로 된 주택에 전세를 내준 부유한 가정이었다. 이모님이 결혼하기 전에 부모님의 반대가 있었다고 하던데 이모부님이 다리를 절으셨다. 전쟁에서 부상당했기 때문이다.

이모부님의 연금으로 생활하고 계시는 이모님은 신안면 진태마을에 살 때에 교회가 있었다고 한다. 초등학교 1학년 때부터 교회에 다닌 것 같구나. 이모집에 가면 CBS라디오 방송을 듣더라. 그리고 나에게 삼겹살을 구워 주곤 했는데….

5) 군대 생활

나는 공군교육사령부에서 31개월을 군대 생활을 했다. 훈련병과 특기 교육을 받고 본부중대 행정처에서 근무했다. 자대에 배치 받으니 병장들이 많았다. 기수복이 좋았다. 졸병들이 들어오고 고참들은 전역하고 상병 때에 당직하사를 하였다. 고등학교 후배 KHY와 LYH를 알게 되었다. 후배인 LSU도 친구인 HY는 SU를 잘 돌봐주라고 부탁하였다. YH의 부대는 기술학교였는데 나의 부대와 가끔 축구 경기를 가졌다. 고교동기인 KHC는 나의 사무실에 와서 담배를 피곤하였다.

예비단의 K병장은 나의 사무실에 와서는 공군에 와서 주름만 늘었다고 하소연하던 다른 부대 소속 사병이었다. 수송대의 운전병과 사진을 찍은 것이 생각나고 체송을 갈 때에 서로 알게 된 것이다. 우리 부대는 테니스 동아리를 만들어 테니스를 치곤 하였는데…. 〈칡〉이란 작은 잡지도 편찬되었는데 전역하니 몇 개월은 나의 집으로 우편물이 왔었다.

6) 간이마을

물산마을에서 위쪽으로 가면 간이마을이 나온다. 군내버스가 그

마을까지 갔다가 다시 단계마을로 오는 곳이다. 자전거를 타고 SHN 의 어머님이 계시는 마을로 들어갔다. 사람은 없고, 그런데 대형버스가 오더니 MC와 SC가 트럭에 타고 오는 것이었다. 나는 상주에게 부의금을 드리고 장지까지 갔다. 간이마을에서 깊은 산속에 있는 상산 김씨의 가족묘가 있었다. KSC 형의 숙모님의 장례식이었다. 부산에서 온 안경을 낀 상주는 인상이 좋았고 여자 상주는 3명이었는데 1명은 결혼한 것 같고 2명은 미혼 인 듯 보였다. 특이한 만남으로 SC 형을 알게 되었는데 모레마을에서 닭을 사육한다고 한다.

7) 암자의 승려

자전거를 타고 청산에 있는 슈퍼에서 음료수를 사기 위해 자전거를 세워두고 있으니 한 승려가 나에게 구시렁 구시렁하면서 말을 하더라. 나는 그 승려에게 원지에서 청산마을까지 왔기에 피로가 누적되어 자전거를 그 승려의 자가용에 싣고 그 사찰에 가보았다. 예전에는 비구니가 운영하던 작은 사찰이었는데 그 사람이 사는 방에 가서 만두 먹고 구경하다가 나의 집에 와서 커피 한잔 마시고 간 승려가 있다.

8) 고등학교 망년회

카톡에 고등학교 망년회가 진주의 한 식당에서 하길래 가보니 주관기수가 있고 조폭 같은 남자들이 경과보고 하고 스승들도 오셨고 전 학교 이사장이신 김장하님도 오셨더라. 진주 지역의 국회의원 강민국은 영상 축하 서신을 보냈더라. 뷔페식 음식이라서 동기들끼리 모여서 식사를 하는 것을 볼 수 있고 나도 먹고 싶은 것 먹고 저녁이라 소주도 한잔하였다. 망년회가 끝나 봉곡동 주차장에 오니 미국의 종교 선교사들 3명이 있었다. 그들과 사진도 찍고 책 〈몰몬경〉을 받아왔다. 그들은 대학생들이라고 했다. 유타주에서 왔다고 하였다.

9) 영화 - 레지던트 이블(Resident Evil)

〈레지던트 이블〉은 6번째 시리즈까지 제작된 영국영화다. 여주인공의 이름은 밀라 요요비치이다. 그녀는 아주 파란 눈이 돋보이고 미모의 영국 여배우이다. 좀비가 등장하고 좀비에게 총을 쏘고 여자 2명과 남자 요원들 잘생기고 와이셔츠를 입은 남자에게는 수갑이 채워져 있다. 좀비가 그에게 다가오자 발로 차고 숫자로 된 문을 조작하여 열지만 열리지 않는다. 암호를 불러준다, 0-4-3-9-6-5 이 숫자를 입력시키니 문이 열린다. J.D 라는 사람은 좀비에게 당하고 그의 여자친구가 그를 구하려고 하지만 그는 죽는다.

　기괴한 지하에 가니 괴물이 나온다. 빨간 치마 옷을 입은 여자가 주인공인데, 그들은 지상으로 가야 되는데 지하공간에 갇힌 그들, 이상한 개들이 등장하고 좀비가 달려드니 엄브렐러 9mm권총의 탄피가 떨어진다. 와이셔츠를 입은 남자는 수갑이 풀리고 사무실을 뒤지는데 그는 보안 요원이었던 리사의 신분증을 보고 밖에서는 유리 창 밖으로 좀비가 보인다. 그가 서류를 보는 순간 좀비가 된 리사가 다가온다. 엄브렐러라는 기업이 병에 걸린 인간을 치료하기 위해….

　영화를 보다가 잠이 들었다. 국내에서도〈부산행〉이 있는데 좀비들이 출연한다. 결국 여주인공이 자신의 존재, 복제 등을 알고 자신을 되돌아보고 인간에게 참된 삶을 가르쳐주는 영화라고 생각된다.

10) 체코 빵집

　여행작가 NJY과 함께 체코 수도 프라하에 있는 안토니 빵집에 갔었다. 여사장은 한국 사람인데 이름이 YJW이고 충북 충주가 고향이라고 하더라. 치즈 빵이 유명하고 맛이 있었다. 공원에 가보니 잔디가 있었고 그녀와 NYJ와 나는 공원에서 빵과 우유 닭고기를 먹었다. NYJ는 키가 작고 기자 출신인데 빵을 좋아한다. 전남 신안군에서 왔는데 어부의 아들이다.

11) 어린양

　제사상에 희생이 된 어린양, 사람들은 사자와 같은 용맹한 자를 숭상하고 존경하는 경향이 있다. 하지만 제물로 희생된 어린양이야말로 모두가 찬양해야 되고 사람이 고되고 힘들 때에 예배와 찬양이 필요하다고 부산시 수영구에 있는 사랑의 교회의 목사님의 설교 말씀이다. 성경에 어린양이 29번 나온다고 하신다. 7가지의 능력을 가진 어린양을 찬송하고 만만천천의 성가대가 노래하고 할렐루야라고 하는 히브리어는 요한계시록에 4번 나온다고 설교하신다. 성경의 창세기에서 요한계시록으로 끝나는 두루마나 크레센도를 위해 이웃을 사랑하고 친구를 사랑하고 국가를 사랑하는 사람이 되라고 설교하시는 이규현 목사님의 설교는 뜨거운 여름의 더위를 가시게 하는 명강의였다.

12) 독일 여행

　독일의 쾰른주에 있는 부페탈시에 친구 RJM와 여자 친구 JEH와 함께 가니 전기 열차가 아나로그식 기차로 보통 위로 열차가 다니지만 이 도시에서는 대형 철근 아래로 운행되고 있었다. 열차의 이용 요금은 2유로 8센트(우리나라 돈으로 3천 원)이었다. JEH는 독일의 뮌헨대학교에서 성악 석사과정을 공부하였던 성악도였는데 우리들과 함께 가게 되었고 유창한 독일어를 구사하였다. 내가 대전에 있는 배재대학교 성악과에 다니는 그녀를 알게 된 것은 우연히 대전의 유성구의 대형 마트에서 알게 되어 사귀다가, 연락이 안 되었는데, 그녀는 대구시립교향악단에서 근무하는 것을 대구의 연주회에서 그녀를 보고 연락이 되어서 이번에 함께 친구인 RJM가 초청한 것이다. 우리는 독일의 수도 베를린에 도착한 후 버스를 이용해서 독일의 베를린의 독특한 빌딩과 통일된 독일의 발전상을 엿볼 수 있었다.

스스로 서독과 동독이 통일을 이룬 분단 국가에서 다소 옛 동독인들이 차별을 당하고 낙후되어 있다고 한다. 내가 공부한 법학도 독일법의 영향을 받았다. 그래서 법학박사 학위 받으러 독일로 유학을 가는 사람들이 많다. 하지만 독일에서 박사학위 취득이 어렵다고 한다. 백야 현상이 나타나고 그래서 커피를 즐겨 마신다고 들었다. 일본법이 독일법을 모방하고 우리가 일본법의 영향을 받은 대륙법계 법학이다. 영미법과 다르다. 지금은 로스쿨이 도입되어서 어떻게 학문이 흐르는지는 나는 모른다.

13) 슬로베니아 피란(Piran)

PBJ의 아들 PKS가 이탈리아에 사는데 슬로베니아 피란이란 지역에 갔었다. 건물은 이탈리아식 건축물이라고 한다. 유명한 요새, 즉 성이 있는데 빨간 지붕에 돌로 성을 쌓았는 데 60년이란 기간이 걸렸다고 한다. 여름이라 슬로베니아인들은 옷을 벗고 성 위에서 바다를 망원경으로 보고 있었다. 걸어가니 십자가가 있는 것을 보니 교회건물도 보였다. KS와 인근 식당에서 차가운, 시원한 팥빙수를 먹고 이탈리아 로마로 돌아왔다.

14) 별(Star)

밤하늘에 반짝이는 것이 모두가 별은 아니다. 드론인지 빛을 발하면서 이동하는 물체가 보인다. 더운 만큼 수많은 별이 보이고 저것이 다른 행성인지 빛인지 나는 궁금하다. 은하계가 있고 지구, 금성, 화성 등 우주로 나가고자 하는 인간, 달에도 가기 힘든 우리의 인간들, 과학적인 관점이 아닌 단순한 밤하늘에 빛나고 있는 것이 무엇일까? 다른 아니 그 행성에는 어떠한 생물체가 살고 있지 않을까?

15) 고양이(Cat)

농촌이나 도시나 고양이들이 있다. 사람이 먹다 남은 음식을 먹기 때문에 고양이라는 동물은 번식을 하고 존재한다. 먹이 다툼으로 서로 싸우는 소리가 나기도 한다. 어릴 적에는 어미를 따라다니던 고양이는 때가 되면 혼자 다닌다. 사자라는 동물은 무리를 짓고 다니지만 호랑이처럼 어미로부터 독립한 고양이는 혼자 사람이 사는 주변과 산 주변 그리고 들 주변에 있다.

  가끔 보면 쥐를 잡는 고양이를 볼 수 있다

16. 사람

1) 짚신도 짝이 있다고 하던데

짚신도 짝이 있다는 속담이 있다. 하지만 주변에 결혼 못하는 사람들의 소식을 접할 수 있다. 결혼도 때가 있다고 한다. 이제 나이도 들어버리고 경제적인 능력이 없으니 이성을 만나는 게 쉽지는 않다. 요즘은 남자가 여자에게 쉽게 다가가지 못한다. "용기 있는 자가 미인을 얻는다"라는 명언이 있지만 여성들의 사회적 지위가 높아졌다.

2) 한국어능력시험

미녀 아나운서 박지원님이 진행하는 KBS TV 〈우리말 겨루기〉에 출전하기 위하여 나는 버스를 타고 진주로 갔다.
경상남도 진주시 가좌동의 진주문고에서 책을 구입하여 한국어능력시험 책을 공부하였다. 경기도 일산에서 시험이 있길래 버스를 타고 서울 도착 후 지하철은 타지 않고 일산까지 갔다. 일산으로 가는 도중에 사람들에게 물어보고 보았다. 김포까지 가는 데는 택시를 이용하였다. 경기도 일산시의 모텔에서 숙박하였는데 카드는 거부하더라. 카운터의 남자 직원이, 그래서 은행 CD기에서 현금을 찾고 계산을 하고 일산에서 하루 잠을 잔 후에 고등학교에서 시험을 보는데 그냥 마산으로 오는 버스를 타고 집으로 왔다.

3) 사랑했지만

　서울에 사는 한양대학교 피아노과를 졸업한 JMR이라는 여자를 알게 되었다. 몇 번 만난 후에 그녀의 아파트로 편지를 보냈다. 집에 찾아가니 부모님의 반대로 잘 이루어지지 않은 관계였다. 그녀의 아파트 주변에 체육센터에 수영장이 있었다. 수영장에 가서 수영도 하곤 하였다. 결국 만남이 잘 이루어지지 않고 그녀의 어머님의 반대로 만남이 없었다.
　농촌으로 귀농한 후 큰 충격으로 그리고 그녀의 아파트로 서신도 보냈다. 서신에 대한 답장도 없고 연락도 오지 않는구나. 아니 사랑이 아니라, 관심을 보여주고 이래저래 노력했지만 인연이 아닌 여인이었구나.

4) 단계초등학교 동창회

그날은 단계마을의 5일 장날이었다. 단계초등학교 운동장 위에 대현 풍선 현수막이 바람에 휘날리고 있었다. 단계초등학교에 들어가니 사람은 많은 것은 아니었다. KDH의 동기인 YHS와 간단히 소주 한잔을 하고 있으니 LJS가 들어왔다. 얼마 있지 않아서 KJH와 간디학교 행정실에 근무하는 LHM이 의자에 앉더라. 나는 친구들과 함께 음식을 먹었다. LBH도 왔고 인천에서 온 할머니인 LSO도 만났다. 닭다리를 뜯어먹는 아줌마 KJH와 손톱에 네일아트를 한 LSO을 만나고 모내기를 해야 되기 때문에 자전거를 타고 왔다.

5) 농촌을 떠난 사람

물산마을의 후배 K참모는 시골에서 산불 조심 요원을 하고 청년회에 열심히 활동을 하더니 우체국에서 본 것이 마지막이었다. 외고마을의 KSM과 고종사촌인 KJH도 단계마을에서 가끔 만나고 진주에서 종종 보았고 그의 딸도 보았는데 도시로 떠나버렸다. 하지만 단계마을이나 가림마을 등에는 딸기 농사를 짓는 젊은이들이 많더라. 이번 집중호우로 딸기 하우스가 피해를 보긴 했지만….

6) 옥수수 수확

비가 많이 와서 밭에 가보지 못했다. 아침에 포대를 들고 무더위에 말라버린 옥수수를 수확하였다. 그리고 이웃 주민에게 나누어 주었다. 강냉이가 너무 딱딱했다. 단계에 가서 볼일 보고 WJ, YJ, HP, 이모댁으로 택배를 보냈다

7) 파스퇴르유업㈜ 수서 직매소

서울 강남구 일원동에 수서 직매소로 배치받았다. 그때 소장은 JYJ이었고 총무는 KYJ이었다. 두 사람 모두 충청도 출신이었다. KYH는 "소장은 맨날 성인 방송만 본다"고 나에게 말을 하였다. 직매소에 방이 있어서 총무가 그곳에서 잠을 자는데 소장도 가끔 숙소에 오는 것 같다. 나는 YWS, LHC와 함께 강남구, 송파구, 강동구 지역을 유제품을 홍보하고 판촉도 하였다. 경기도 이천에 가니 사장이 이천 쌀을 파는 식당으로 가서 저녁을 사 주셨다. 송파구 잠실 대리점 사장은 송파구 토박이라고 하고 여동생이 총무를 보고 현대식으로 대리점을 운영하고 있었다. 그리고 강북지역과 강원도 원주시에 가서 판촉을 했다. 방배직매소 KWY 소장도 알게 되었고. 마천동 지역을 자주 갔었다. 핸들 카를 끌고 다니면서 대리점을 지원하였다.

지금은 퇴사하여 시골에 살고 있지만 LHC 씨는 사원으로 있다가 파스퇴르 우유를 판촉하면서 생계를 유지하고 있고 핸들 카를 끌고 다니지 않고 아파트 앞에서 우유를 진열해 놓고 유제품 주문을 받는 다고 한다.

8) 버리다

나는 나의 생모를 2번 보았다. 서울의 뉴코아 백화점에서 수산물 매장에서 아르바이트를 할 때 나를 딱 쳐다보고 오더니 생선을 사가더라. 그리고 시골로 돌아와서 집앞에서 일을 하고 있을 때 어떤 아줌마가 걸어오길래, 금동댁인 줄 알고 말을 했더니 아무 말도 안 하고 그냥 가버리더라. 나만의 착각일지도 모른다. 내가 잘못 판단한 것 같기도 하다. 모두가 주변의 아줌마는 나의 어머니인 것이다.

내가 아는 출생의 비밀은 7살 때 이곳으로 온 곳이다. 나를 이곳에 버릴 때에 나에게 돌을 던진 나의 어머니. 부모가 자신의 자식을 버리기는 쉽지 않다. 더군다나 자신의 재산이나 물건을 버리기 어렵다. 재산을 모을려고 하는 게 인간의 본성이다. 어떤 이는 말을 하더라. "크게 버리면 크게 얻는다"고. 살면서 내가 어떻게 해서 생모로부터 버림을 받은 것을 대충 알겠더라. 그 사유가 살면서 경험하고 나타나는 것이라고 나만의 생각이다. 그리고 〈브리다〉라는 책도 읽어 본 것 같다.

사람이 살면서 실패하고 좌절하고 하면 이상한 망상에 빠지는 경우가 있다. 현실을 받아들이는 자세가 필요하다고 본다.

9) 대학 후배

대학 고시원에서 같은 반을 쓴 KYH는 Y대학의 고시원에 진학하였다. 그에게는 군대가 공부하면서 가장 큰 골치거리였다. 그 후배는 1차는 합격했는데 그 이후로는 소식이 없다. CMG는 단국대 대학원으로 진학하더라. 귀엽고 잘 생긴 KSH는 경북대 대학원으로 가서 공부를 하면서 군대를 연기한 것이다. 또한 신림동에서 위에 있는 고시원에서 같이 있었던 KTK도 정이 들었는데 경찰 간부 시험을 공부하고 주변 그의 친구와 후배를 알았는데, 그는 대학 시절 경신고 동문회장을 했기에 주변에 사람들이 많더라. 지금은 서울에서 변호사 사무실에서 사무장으로 일하고 있다고 한다. 함께 공부하면서 알게 된 후배들 지금은 어떻게 살고 있는지가 궁금하고 할 일 없고 먼 하늘을 바라보고 있으면 그 놈들이 생각난다. 그런데 후배들이 선배인 나를 찾지 않으니 나의 부도덕함이 나타나는구나.

10) 신사역

3호선 신사역에 내려서 와이셔츠를 입은 청년에게 길을 물으니 그의 스마트폰으로 검색을 하더니 방향을 가르쳐 주었다. 가는데 홍콩인들이 무리 지어서 가고 있었다. 아줌마에게 강남출판문화센터를 물어보니 아파트 근처에 있다고 하였다. 출판사 민음사에 볼일을 보고 주변에 있는 멕시코요리로 점심 식사를 하였다. 젊은이들이 식당에 많았다. 유리너머로 보니 식사후에 커피를 마시면서 자신들의 직장으로 걸어가고 있었다. 친구인 KC와 커피를 마시고 돌아왔다.

11) 전북 무주군

전라북도 무주군에는 사과농사를 짓는 농가가 많았다. 높은 산이 많은 무주군, 무진장이라는 말이 있다. 무주군, 진안군, 장수군이 낙후되었고 산이 많은 지역이다. 또한 무주군에는 옥수수가 많이 보였다.

12) 동성상가

진주남중학교 건너편에는 동성상가가 있다. 입구에는 도장과 명함을 제작하는 분이 있다. 그분은 장애인이다. 지하에는 목욕탕이 있는데 24시간 운영을 하고 있다. 그리고 컴퓨터 조립과 수리를 하는 상가가 있다. 1층에는 여성 옷가게와 귀금속 가게가 있더라. 위에는 아파트가 있다. 나는 J사장이 운영하는 편의점에 가서 내가 적어놓은 UBS에 저장이 되어 있는지 J사장에게 부탁하니 아무것도 저장이 되어 있지 않다고 한다. 그날은 J사장의 아내도 매장에 있었다. 또한 상가 위에는 아파트가 있다.

13) 별을 보다

밤하늘에 수많은 별이 있는지 시골에 살면서 시골에서 본다. 별은 스타라고 하는데, 유명한 인기배우, 인기가수, 군대의 장군의 계급장에 별마크가 새겨져 있다. 마구간의 소도 되새김을 하면서 별을 보고 고양이도 고라니도 보고 도시에서는 조명 빛 때문에 아니, 바쁘게 살다 보면 별을 보는 경우가 드물다. 가끔 별똥도 볼 수 있다. 밤하늘의 수많은 별 중에 이름을 아는 별은 북두칠성뿐이다.

17. 특수한 너와 나

1) 최명재

기업인 최명재는 중동에 가서 운수업을 하면서 큰 돈을 번 후 강원도 횡성군에 P유업을 설립하고 우유를 저온살균으로 기존의 고온살균의 우유와 다른 우유를 출시하여 크게 인기를 끌었다. 민족사관고등학교를 설립하여 교육에도 관심을 보였다. 외환위기로 회사는 Y유업에 넘어가고 그는 학교 교장을 역임하였다. 어떤 이는 전북 김제 출신인데 강원도에 기업을 만들 것에 의아해하는 자도 있었다. 민사고는 한복을 입고 영어로 수업을 하며, 국내대학이 아닌 해외 대학으로의 진학을 목표로 특성화 고등학교로 널리 알려져 있다.

2) 산 위의 축구장

내가 어렸을 적에 뒷산에서 소를 몰고 가서 산 위에서 축구를 하였다. 지금 간간히 생각하면 누가 산 정상에 작은 축구장을 만든 것일까, 목이 마르면 아래의 논에 물이 나는 샘이 있어서 어린 마을 청년이 장화에 물을 받아오고 그렇게 갈증을 해소하였다. 간혹 야구도 하였다. 저넘 사람들은(부처골 사람)은 작은 평원에서, 물론 산 위인데 그곳은 야구를 주로 한 곳이다. 방학 때 오후에 소가 있는 사람들은 소를 산에 방목시킨다. 때가 되면 소들은 사람들이 있는 곳으로 온다. 지금은 그곳에 밤나무가 심어져 있었는데 나무가 울창하게 자라고 있더라.

3) JMD의 집

부면장을 은퇴하고 JMD님은 집을 이사를 하더라. 옛 집에 있으니 이상한 것이 보인다고 하여 자기의 논에 새로운 집을 지었다. 돌이켜 보니 그 집주변은 옛날에 SH가 자전거를 타고 가다가 사고가 난 곳이다. 나도 어릴 적에 소를 몰고 가는데 소가 방향을 바꾸어 집으로 가버렸고 그 지역에서 천주교의 십자가를 주운 적이 있는 곳이다. HD 형이 사고가 난 지역이다. 특이한 곳에 JMD 어르신이 지금 살고 계신다. 작년에 90잔치를 했으니까 올해로 91세의 노인이지만 건강하고 구평댁을 회관에 자신의 승용차에 실어주고 하더라.

500년의 역사를 가진 나의 마을 그 지역에 무엇인가 사연이 있을까? 밤나무 한 그루가 도랑 옆에서 잘자라고 있고 밤나무 옆에 우물이 있었는데. 그 우물에 초를 피우고 소주병도 보이던데. 나도 경운기가 빵구가 난 곳이더라. 지금은 평범한 집 한 채 마을의 첫집이라고 불러도 되는 건물이 들어서 있다.

4) 인사과

인사과의 사무실에는 직원들이 많다. 교육사령부이기 때문에 골프병인 HSM이 있었고 전산병은 두 명이 있었다 JYD와 JJY가 모든 자료를 전산화에 입력하는 작업을 하는 사병이었다. 기업에 가도 인사처가 있다. 단순 사무처이진 직원들의 승진, 보수 등 파워가 있는 보직 중 하나이다. 공군교육사령부의 인사행정처인데 행정처에는 군인들이 몇 명 되지 않지만 군무원이 많은 부서이다. 군대 우체국도 행정실 소속이다. 인사장교에게 면접을 보고 보직과 부대이동이 가능하다.

5) 차은우

MZ세대들이 읽는 잡지의 모델의 책의 표지에 나오는 남자를 보니 이름이 차은우였다. 그런데 드라마에 나오고 K-pop가수로 활동을 하고 드라마에 중년의 여성과 사랑에 빠지는 역할을 하던데. 대통령 부인과 TV에 나오는 배우이면서 가수이다. 여행작가 NJY는 논산 훈련소에 입대한다고 나에게 알려준다. 살면서 "차"씨는 P유업에 다닐 적에 차JG이라는 청주 사람이고 아버지는 세무서 공무원이라고 하였고, 송파구 산전동에 있는 직매소 소장이었는데 여자와 함께 산다고 하더라. 그 사람이 휴가 갈 때에 내가 직매소를 봐주고 결혼할 적에 내가 삼전동의 직매소를 대신 운영해주었다. 차소장 말로는 경찰이 자주 와서 분유 샘플을 가져 간다고 하소연하더라.

"차" 하면 먹는 녹차, 홍차, 보이차가 생각이 나고 자동차도 생각이 난다.

그가 서울 강남구 청담동에 사는 사람으로 알고 있었는데 청담동의 작은 지하 셋방에 사는지 아니면 부촌에 사는 것일까?

그리고 그는 친구들과 핀란드에 가서 농업을 익히고 지상파가 아닌 TV에 나오더라.

라디오에서 MBC 라디오 〈노중훈의 여행의 맛〉에서 노중훈과 함께 대화를 나누는 사람이 "차은우가 군대 입대하였다" 라고 하는 말을 들었다. 논산에서 훈련을 받는다고 한다. 지금은 여름이라서 훈련받을 때에 소금 먹고 강도 높은 훈련은 받지 않겠구나.

6) 289번 버스와 지하철

직장 다닐 적에 신림동 고시원에 숙소를 마련하였다. 수서직매소 소속이지만 다른 직매소 사원과 함께 유제품 판촉을 하였다. LHC, YWS, KTG 등. WDH 송파직매소 소장은 대리점으로 운영을 하였는데 분당에 사는데 원광대학교를 나왔다고 한다. 집에서는 부인이 담배를 못 피게 하니 사무실에서는 담배를 피운다고 한다. 지하철을 타고 이동하였다. 회사에서 교통비는 주었다.

버스 289번은 신림동에서 그녀의 아파트 앞에까지 가길래 자주 탔던 버스이다. 결국 좋은 결실을 보지 못했지만.

어떻게 시골로 귀농한지는 기억이 안 나지만 퇴사 후 재입사의 권유도 받았지만 신림동에 살면서 직장을 구하고 있었고 동기의 부탁으로 국악고등학교 근처에 있는 초등학교에 들어가는 우유를 내가 관리해준 것 같다.

7) 패스트푸드

국내에 버거킹, 롯데리아, 맥도널드 매장이 도시에서 쉽게 볼 수 있다. 햄버거를 대부분 판매한다. 서양식으로 쉽게 먹을 수 있다. 콜라를 보통 먹는데 맥도널드에는 장애인 주문 판이 설치되어 있다. 가수 김창완님이 라디오 팝송을 들려주는데 맥도널드 광고에 참가하고 있더라. 나도 서울에 한 여자를 만났을 때 버거킹에서 음식을 처음 접했다. 한번 먹으면 피로가 가시더라.

8) 오뎅

진주 시외버스터미널과 거제 시외버스터미널에는 추운 날씨에 오뎅, 즉 어묵을 팔고 있더라. 추울 때 먹는 오뎅, 간장에 찍어 먹고 따뜻한 국물을 종이컵에 떠다가 마신다. 진주 시외버스터미널의 오뎅가게에서는 소주 한 잔 단위로 주문을 받더라.

9) 장천마을의 GK아줌마

회관에서 음식을 먹고 나면 GK아줌마는 사이다를 달라고 한다. 보통 식사 후에 커피를 먹는데 유별난 기호식품인 사이다를 찾더라.

10) CK

내주변에 CK라는 이름을 가진 사람이 있다. 군대에서 알게 된 부산 동의대학교를 다니다가 온 후배 이름이 HCK이고 고등학교 동기인 ACK가 있다. ACK는 군수관련 기업에서 무기를 만드는 일을 하고 있다. 물론 미국계 회사라고 한다. 그리고 초등학교 친구인 월평마을의 LCK가 있다. LCK는 부산에서 보일러 기술자이면서 에어컨 기술자이다.

11) 특이한 성

군대에서 특기교육을 받을 때에 알게 된 음DH가 있다. 성이 "음" 씨이다. 전역 후에 연락을 하다가 신림동에서 한번 만났던 군대 동기이다. 그는 늦은 나이에 성균관대학교 경제학과에 진학하였다고 한다. 또 다른 희소한 성 "명"씨, 이름은 명JS, 그 사람 또한 군대에서 알게 되었는데 같은 부대 상관이었고 인사과에 근무하였고 나의 사무실 선임인 KJI와 동기로 그가 제대할 때에 나에게 땀복을 주고 간 사람이다. 그 또한 바로 직속 선배가 많았고 기수복이 좋지 않은 사병이었다. 주소록에 있는 번호로 전화를 해보니 오산인가 안양에서 산다고 하더라. 우리나라에는 10,000개의 성씨가 있다. 중국에도 10,000개의 성씨가 있다고 들었다. 인구에 비하여 우리나라는 성씨가 아주 많은 편이다. 아나운서 국혜정님도 KBS뉴스를 진행하더라. 또한 "해"씨도 EBS TV에서 본 것 같다.

12) 손지창과 김민종

손지창은 탤런트(배우)이다. 홀로 귀하게 성장하여 개성 있는 연기를 한 연기자다. 그는 오연수와 결혼하여 아들2명을 둔 것으로 알고 있다. 그와 가수 김민종은 김민종씨가 1살 나이가 많은 것으로 나는 알고 있다. 불교 신자이고 결혼을 못한 것으로 알고 있었는데 그 두 사람이 '더 블루'라는 그룹으로 음반을 냈던 것으로 알고 있다. 요즘 그 두사람은 방송에서 볼 수 없더라.

13) 마을의 특징

신등면 법서마을에는 7월 3일인데 참깨들이 많이 심어져 있고 경운기에 참깨를 싣고 햇볕에 말리더라. 그리고 산청읍에 가니 작은 가게에서 다슬기를 파는 상가가 많더라.

14) HJ

60년을 달려가는 이 때에 신등면 우체국 국장의 이름이 KHJ이더라. 나의 대학 후배 KHJ가 있었는데 중문과를 다니다가 사시공부 하다가 1차에 합격하였다. 그는 서울의 K대학으로 편입하였다고 나에게 이야기하더라. 같은 고시원에서 있었는데 저녁이면 그녀의 방을 찾는 남자가 많더라. 예뻐서 인기가 있는 후배였다. 그리고 나의 마을에 HHJ가 있는데 부산에 살고 있다고 들었다.

15) JH

나의 중학교 친구 KJH가 있다. 그녀는 진주에서 살고 있다. 그리고 초등학교 동기인 KJH는 신안면 OO정미소를 운영하고 있다. 키가 작아서 꼬마 JH라고 부르기도 한다. 산청보건소의 직원인 PJH가 있다. 물산마을의 친구인 KJH가 있다. 그녀는 중학교 동창회 때 보니 진주에서 식당을 운영하더라. 그리고 사정마을의 YJH가 있다. 그녀는 진주에서 공직생활을 한다고 들었다. 그런데 진주에 사는 KJH는 초등학교 동창회 때 만났는데 닭다리를 잘 먹더라. 최근에는 전화번호가 바뀐 것 같다.

16) MR

나를 아프게 만든 여자의 이름이 JMR이다. 서울 여자로 까다로운 여자였다. 그리고 탤랜트 YMR이 있었는데 요즘 드라마에는 안 보이더라. 우리 마을의 JJH의 동생의 이름이 JMR이다. 그리고 HSJ의 여동생의 이름이 HMR인데 개명을 하였다. 이교마을에는 SMR이 있었다. 이름이 비슷한 제목의 미국 영화가 있어 가끔 보는데, MR과의 악연 때문에 잘 보지 않고 피해서 보는 영화이다. 그런데 그 영화 시리즈는 3편까지 나온 것 같다.

17) HS

　이름에 관한 이야기가 계속 나열되고 있다. 이름 없는 사람 없다. 나의 큰집 누나 이름이 HHS인데 경상남도 창원에서 살고 있다. 산청군 OO면 보건소 직원의 이름이 JHS인데 예전에 OO 보건소 소장을 하였고 의령이 친정이라고 한 것으로 기억하고 있다. 운용마을의 HKW의 딸이 HHS인데 언니가 HES이다.

18) 야행성 폭우

　오늘이 2025년도 7월 3일인데 그동안 폭염이14일 동안 계속되다가 우리 지역에 천둥과 번개가 동반되는 비가 내린다. 빗소리 때문에 잠을 못 자겠다. 전라도 무안에는 시간당 140mm의 비가 내린다고 한다. 우리 지역은 그동안 산사태로 큰 피해를 보았는데 피해가 없어야 될 텐데.

19) SK

　HKH의 아버지 성함이 SK다. 내가 다니던 대학원의 상법 교수의 이름이 KSK인데 전남 광주에서 고교를 나오고 LBT 교수의 제자였다. 나는 그 대학에서 석사학위를 받지 못했다. 그리고 진주시의 중심가에 있는 OO약국의 미남 약사의 성함이 SK이더라.

20) HK

나의 누나 이름은 HHK이다. 그리고 단계마을이 친정이고 진주 선명여고를 나온 KHK이가 있는데 그녀는 대구에서 살고 있다. 또한 HK는 대통령 부인 이름이기도 하다.

21) 이상한 택호

농촌에서는 아줌마의 이름을 부르지 않고 "~띠"라는 호칭이 있다. MKR의 어머니의 택호가 듣기띠이다. HEO의 어머니의 택호가 도꼴띠이다. 마을 이장인 SSD의 모친의 택호는 쇠말띠라고 불렀다. 또한 별명도 있었는데 MJY이의 아버지의 별명이 똥구쇠라가 호명하더라. HCS의 부의 호칭이 토깐 양반이라고 불러지더라. 즉 여자들에게는 택호가 있다. 택호가 이상한 한국어로 되어 있어서 국어를 공부하는 데 중요한 자료가 될 것이라고 본다. 아줌마들의 출신 지역을 택호로 사용한다. 친정이 율현인 HGC의 어머니는 현기띠라고 호명되고 있다. 신등면의 전화번호부에 보면 어떤 마을에서는 이름 옆에다가 택호를 적어 놓은 것을 볼 수 있다.

22) HS

나의 주변에 LYS 형수님의 아들 중에 HHS가 있다. 그리고 법원 공무원으로 재직했던 나의 초등학교 친구로 월평마을의 KHS가 있다. 그리고 운영마을의 OO댁의 막내 아들의 이름이 HHS이다.

18. 군대와 영상매체

1) 군대 방송국

사병들이 잠을 자는 내무반에는 전화가 왔을 때 방송을 한다. 각 부대가 돌아가면서 쫄병 기수들이 방송 업무를 본다. 그리고 사령부 본부중대에 방송실이 있다. 이들은 정훈처 소속이다. 안동 출신의 MKW 선배 그리고 광주 출신의 SSW가 생각난다. 1990년에.

2) 1990년대 교육사령부의 내무반

내가 군대 있을 때 공군 교육사령부의 사병들의 내무반이 생각난다. 1층에 통신대대, 고등학교와 매점이 있었다. 2층에는 기술학교, 수송대, 보급대대, 의장대, 교재지원실이 있었다. 내가 제대할 때에는 2층에 독서실이 마련되어서 점호 후에 공부하는 사병들이 많았다. 전역 후에 사회에서 무엇인가를 준비해야 했기 때문이다.

3) 좋은 보직

공군에서는 특기 분류를 위해 시험을 본다. 영어를 잘하면 관제 특기로 갈 수 있다고 들었다. 사병들은 총무 특기나 보급 특기를 선호한다. 기술직인 보일러 특기와 헌병대대의 군견 관리병도 좋은 특기로 알려져 있다. 그리고 골프병도 사병들이 선호하는 특기로 알려져 있다.

4) 내무반 생활

군대에서 기간 사병들은 내무반 생활을 하지만 모두가 내무반 생활을 하는 것은 아니다. "직감"이라고 하면서 사무실 인근에서 잠을 자고 생활하는 장소, 즉 숙소가 있다. 비서실, 매점, 군종병, 정훈처, 보일러 사병과 각 부대에 필요에 따라서 직감처가 잇다고 들었다. 이들은 개인적인 생활을 하고 내무반의 감독을 크게 받지 않고 자기계발을 할 수 있다고 본다.

5) 바보 같은 사랑

하와이라는 낯선 곳에 간 KMO, 처음 그곳에 가니 경상도 사투리 때문에 놀림을 받았다고 한다. 지금은 보건소 공무원으로 생활하고 있는 JHJ. 진주시 평거동에 사는 KJH, 영어 선생한다는 소문이 있지만 직업을 말해주지 않는 그녀, 어떤 친구는 그녀들과 사고를 쳤느냐, 진도가 어디까지 갔느냐고 묻지만 손 한번 잡아보지 못한 그들과의 관계다. 사춘기 때 알게 되었고 중년의 나이에도 동창회에서 만나는 관계이지만 KMO는 얼굴 한 번 보지 못했다. 그녀의 아버지를 알고 언니를 만났지만 수도권에서 산다고 한다. 그냥 존재하는 여자, 가까이 갈 수 없는 여자다. 이혼을 했는지 그런 것을 물어보지 못하는 것이고 전화통화나 문자로 소식 듣고 가정이 있는 그들이길래 새로운 여인을 접하기 힘든 나의 경제력과 시골에서의 삶은 가끔은 여자가 그립다.

가수 김도향님의 "난 참 바보처럼 살았군요"가 1980년도에 크게 인기를 끌었다. 그는 광고 송에 아주 많이 나온 것으로 알고 있다.

6) 영화배우 - 조지 클루니

깔끔한 외모, 좋은 인상의 헐리우드의 영화배우 조지 클루니는 내가 좋아하는 영화배우 중의 한 사람이다. 영화 〈피스메이커〉에서 조지 클루니는 미국의 FBI 수사관으로 등장한다. 그리고 제목은 기억나지 않지만 우주선에서 여승무원을 구하는 영화도 기억난다. 호주 출신의 멜 깁슨의 연기가 괜찮고 외모도 그의 초록색의 눈이 인상적이더라. 조지 클루니는 모 커피 광고에도 나오던데 그 커피는 맛이 없더라. 인상적인 미국의 배우로 브래드 피트를 뽑을 수 있다. 평범하고 소박한 외모에다가 〈트로이〉에서 한 여성과의 사랑을 나눌 때 보니까 몸매가 좋은 배우고 안젤리나 졸리와 결혼 후 이혼한 것으로 안다. 그는 〈세븐〉에서 흑인 배우 모건 프리먼과 등장한다. 톰 크루즈는 열심히 달리는 배우더라. 국내에 12번 정도 영화 개봉 때 왔다고 하는데 몸을 아끼지 않는 배우더라.

7) 국내 영화배우

자연에서 몸을 노출시킨 배우 고수가 인상적이더라. 잡지에서 그를 보았다. 오래전에 Basic House의 광고로도 등장한 것을 옷매장에 그의 사진을 볼 수 있었다. 나의 군대 후배 KMK와 외모가 비슷하여 그 후배 생각도 나더라. 공유, 마동석, 김혜수 등도 연기를 잘 하는 것 같더라. 한번은 분당에서 유제품 판촉을 하니 어떤 아줌마가 송강호가 살고 있다고 하여 그의 연기는 흥행을 몰고 오는 영화가 많다고 하고 자연스러우면서도 이웃집 아저씨 같은 얼굴로 연기를 하는 것을 볼 수 있다. 정우성님과 〈비트〉에서의 고소영님도 연기를 잘 하더라.

8) 경기도 이천 기행

경기도 이천은 쌀이 유명하다. 일명 "임금님"표 쌀이라고 한다. 이천의 작은 마을로 들어가니 쪽파, 양파, 콩 등이 심어진 밭이 펼쳐져 있다. YKA라는 할머니의 집에서는 제비가 집을 짓고 있었고 날아 다니고 있었다. 잠자리들이 소리 없이 그 할머니의 집 주변을 날아 다니고 있었다. 나는 월출마을에 도착하여 마을 정자에 앉아서 할머니와 이야기를 나누니, 무더위와 비가 오지 않고 비가 오지 않고 밭에 심어 놓은 작물이 성장하지 않는다고 하소연한다.

9) 영화 - 패신저스(Passengers)

우주 캡슐로 사람들이 큰 우주선에서 수면 상태인데 어느 청년이 깨어났다. 로봇이 바텐더를 운영하고 스위트 홀에서 농구, 춤을 추고 놀지만 그 남자의 수염은 자라고 결국 우주복을 입고 우주로 나가지만 돌아온다. 마치 무인도에서 한 사람이 사는 것과 같다. 우주선에서의 삶, 고독한 인간의 내면을 보여주고 잇는 것 같은 영화더라. 〈쥬라기월드〉에 출연한 크리스 프랫의 1인 연기가 돋보인다.

10) 미국 바비큐 축제

　1978년 시작하여 47회 째를 맞는 바비큐 축제가 있다. 미국 멤피스 지역에서 돼지고기를 요리해서 먹는 축제인데 레슬링 대회도 개최한다. 이번 대회에는 150여개 팀이 참가하였다. 돼지고기를 맛있게 요리하는 것, 돼지고기를 닭꼬치처럼 만든 것도 있고 이 대회에는 충남 홍성군이 초청되어 참가하였다. 두 지방자치단체는 축제교류를 위한 협약체결을 하였다. 물론 홍성군에서도 바비큐 축제를 열고 있다. 홍성군에서는 2023년도에 50만 명이 다녀갔다고 홍성군 관계자가 말을 하더라.

11) 중국 전당강 대운하

　치수천하의 물의 길, 전당강이 중국에 흐르는데 북송시대부터 운하의 시작이 되었고 육화탈을 조성하여 선박들의 안전을 기원했고 강에는 민물고기가 잡힌다. 이것은 중국의 저장성에 있는데 이 지역의 말은 북경어와 사뭇 다르더라. 강 주변의 집에서는 돼지고기 말린 것을 매달아 놓은 것을 볼 수 있다. 다른 동네 주민들끼리도 언어 소통이 잘 안 되는 지역이다. 항저우와 진화 도시가 저장성에 있다. 진화라는 도시는 무역도시이다. 물론 항구 도시인 진화에도 강이 흐르고 있다. 이 강이 경탕대운하로 이어지고 그래서 농업과 상업이 발달한 지역이다.

12) 영화배우 – 멜 깁슨

영화 〈왓 위민 원트〉에서 멜 깁슨은 60층 빌딩의 거대한 광고회사의 총감독으로 승진한다. 아침에 커피숍에서 닉이라는 여자에게 데이트 신청을 하고 커피를 마시면서 시가를 피운다. 그날 이사회의 회의가 취소되고 그는 이혼한 남자로 여자를 유혹하는 바람둥이로 나온다. 회사 건물 내에 거대한 나무기둥이 있고 기업이 우리나라와 다르더라. 즉 드라마에 나오는 기업의 내부가 미국의 그 광고 회사가 다른 것은 인정해야 할 사항이라 고 본다. 전 처의 결혼식에도 참석하는 미국의 독특한 문화를 엿볼 수 있었다. 영화가 제작된 것이 오래된 것 같고 흑인 배우는 보이지 않았다.

멜 깁슨의 이름으로 경찰 영화가 등장하는데 얼굴은 아닌 것 같더라. 내가 가장 선호하는 미국의 영화배우다. 최근에 신문에서 그가 특정 종교에 탐닉되어 있다는 내용의 기사를 읽은 것 같다.

13) 지뉴족(중국 소수 민족)

지뉴족은 중국 원난성에 사는 소수 민족으로 수렵생활을 하는 소수민족이다. 원난성에는 소수 민족이 많다. 화려한 옷을 입는 나시족이 있는 반면 지뉴족은 대장간을 소유하고 있다. 칼 등 도구를 만들고 15세의 나이가 되면 성인이 된다고 한다. 그들이 사는 마을에는 장승이 있고 그들은 활을 소지하면서 원시적인 사냥을 한다. 그들이 사는 산도 지뉴산이라고 부른다. 주변에 와족이 사는데 원시적인 건물이 있어서 홍콩의 배우겸 감독인 "성룡"이 영화를 촬영한다고 관광이 금지된 지역이다. 첩첩산중으로 산세가 험한 지역에 사는 리드족이 있다. 그들은 티베트에서 흘러오는 노강이 흐르는 구역에 거주하고 있다. 그들은 뤄쉬를 이용하여 강을 건넌다. 원난성에는 도시화가 덜 되고 특이한 소수민족들의 삶을 보기 위해 찾는 이들이 많다고 한다.

14) 페루의 무지개산

남미 페루에는 무지개 산이 있다. 여러 색이 멀리서 보면 한 편의 그림 같은 산 그리고 기괴한 그림이 그려 있고 초원도 있는 페루의 지형에 눈보라가 치기도 한다. 봄인데도 우리나라와 마찬가지로 눈이 내린다. 이곳에도 사람이 살고 있는데 스페인어는 말이 통하지 않고 잉카어인 케츄카어를 구사하는 원주민이 있다. 이 지역의 원주민들은 라디오를 휴대하면서 기상정보를 듣는다. 산소가 적은 지역이고 동물인 알파카를 그들은 방목하고 살아간다. 그것으로부터 그들은 단백질을 공급받는다. 이 알파카는 페루의 대표적인 동물이다. 원주민들은 키가 작은 편이더라. 그들은 알파카로부터 털을 깎아서 수입을 올린다. 가위로 알파카의 털을 오려낸다. 이것과 옥수수, 밀로 교환을 한다고 한다. 석산에는 빙하수가 흘러가고 있었다.

그들이 사는 집은 흙과 돌로 창고를 짓고 알파카의 똥으로 땔감을 확보하고 있었다. 주변에 나무가 없기 때문에 알파카의 똥으로 불을 피우고 코카인으로 주로 음식을 만들고 있었다. 코카차도 식사 후에 음용하더라.

15) 이븐이와 벅스녀의 경고

이븐이에게 과거의 친구들로부터 들은 것을 문자 보내면, 예를 들어 YD가 나에게 "이븐이 그 애는 대학 다닐 적에 남자와 사귀다가 실연, 즉 차였다"고 그녀에게 전해주거나, JP가 나에게 한 말 "이븐이는 치마를 안 입더라" 들은 바를 그녀에게 전하면 전화기를 차단해버린다고 경고한다. 벅스녀도 경고하더니 전화 통화는 안 되는 상태이다.

16) 무시다리 여인

내가 고등학교 다닐 적에 그녀의 집에 나의 친구와 간 적이 있었다. 평범한 외모의 여자인데 그 때가 여름에 만난 것 같은데 다리가 아주 굵은 친구였다. 그런데 진주 터미널에서 자주 만나고 나의 집으로 그녀의 전화가 오고 군대 있을 적에 서신이 오고 내가 답장을 하니 그녀의 주변 친구와 함께 찍은 사진을 보내주었다. 외국에서 생활하고 이민을 갔고 그 외국나라의 대학에 다녔던 그녀, 딸 한 명 기르고 있다고 통화를 한 것이 기억나는구나.

19. 해외

1) 인도네시아 음식

인도네시아의 발리 지역은 대부분 힌두교도들이고 그들은 바다가재인 로브스터를 먹는다. 빨간색인 대형 바닷가재를 냄비에 끓여서 먹는다.

2) 태국 휴양지

태국의 대표적인 휴양지 나콘시탑시락에는 얼굴에 아이들이 색을 바르고 축구를 한다. 진흙으로 목욕을 하는 마을도 있다.

3) 영화배우 - 톰 행크스

영화 〈캡틴 필립스〉에서 소말리아 해적들에게 납치된 그는 구명정에 실린 채 해적들에게 납치된 상태인데 미국 해군이 구출 작전을 벌이고 있다. 구명정을 포위한 미 군인들은 총기를 소지한 해적들이었는데 대부분 흑인들이었다. 결국 그는 구조가 되고 본국으로 귀환한다. 한편 영화의 제목은 기억나지 않지만 무인도에서 혼자 생활하면서 인간의 나약함과 고독을 잘 표현한 영화의 주연으로 출연한 영화가 있었다. 최근 영화에서는 찾아보기 힘든 배우다. 톰 행크스는 우주선에서 결혼식을 가진 사람으로 널리 알려지고 있다.

4) 모로코 음식

모로코로 가는 하늘 길은 인천공항에서 튀르키예의 수도 이스탄불에서 승객을 태운 후 모로코로 간다. 모로코의 카사블랑카의 인근의 정육점에서 양고기를 사서 인근 식당에 갖다 주면 양고기에 양념을 뿌린 후 그 식당에서 화덕에 구워 준다. 그렇게 양고기 숯불고기를 먹을 수 있다. 타파르누트 빵도 있고 염소 고기도 있다. 즉 부산의 자갈치 시장에 가면 수산물을 사면 회를 떠 주는 가게가 있고 그곳에서 회를 먹는다. 모로코에는 양고기가 흔한 육류로 알려져 있다. 부산의 자갈치 시장은 부산의 대표적인 시장이고 가수 이혜리의 "자갈치 아지매"가 인기를 끌고 있는 노래이다.

5) 서호주 1

호주의 코럴 하이웨이를 자가용으로 가면 칼바리 국립공원이 나온다. 4~5억 년 전에 퇴화한 협곡으로 스카이워크가 유명하다. 굴곡이 있는 협곡으로 머치슨 강 협곡을 한 눈에 들어오고 암석들이 있는데 사암이라고 한다. 텀블라구다 사암이라고 하는데 풀과 나무가 초록과 노란 색을 띄고 있었다. 제트밴드 전망대가 나오는데 붉은 암석과 강이 있는 사암의 층계들이 보인다.

6) 서호주 2

호주하면 캥거루가 유명하지만 설치류이면서 초식동물인 뤄카가 있다. 그리고 호주 서부에는 물개가 있다. 물개는 꼬리지느러미로 헤엄을 치는 동물이다. 호주 서부의 이글네이에서도 볼 수 있다.

7) 페루

페루의 고산 지역에는 잉카제국의 신전이 있다. 높은 산에 돌로 성이 축조되었고 현재는 성 아래 마을이 형성되어 있고 그들은 농사를 짓고 있다. 피삭시에 도착한 저녁에 마을 골몰에서 "뿌을차이"라는 남녀간의 연애놀이인데 축제이다. 나는 사진작가 NHR과 함께 갔다. 그는 상명대학교에서 사진을 전공한 후 사진전시회를 보고 그에게 사진 기술을 익히면서 그와 친해진 것이다.

마을 뒤편에 알리만츄라는 춤을 추는 여자들이 있었다. 와라키라는 장식과 머리에 둥근 모자를 쓰고 옷은 화려한 붉은 옷이 대부분이었다. 젊은 남녀들이 춤을 추면서 배우자를 찾는 축제였다.

8) 영화배우 - 성룡

〈쿵후요가〉에서 성룡은 잭이라는 이름의 고고학자 교수로서 등장하고 인도인 박사와 그의 대학원생 조교를 데리고 인도와 중국의 국경 근처에 마가다 왕국이 당나라로 조문을 보내는 중, 실종된 것을 찾는 프로젝트였는데 거대한 빙산의 얼음속에 들어가서 황금동전과 고고품을 연구하고 채집활동을 하는데 인도의 작은 왕이 고고품을 탈취해가고 그들과 맞서 싸우는 장면이 나온다. 성룡의 무술이 빛나고 코믹 연기가 돋보인다. 그리고 사자와 하이에나를 기르는 인도계 왕에게 구금된 제자들의 연기와 무술 실력이 빛나는 영화이더라.

나의 여자 친구 JKJ는 중학교 때 홍콩 영화배우 성룡을 좋아한다고 나에게 말을 한 것이 기억난다.

9) 불가리아 제품

불가리아 여행 갔다는 YJS에게 이야기를 들었는데 그 나라에는 장미꽃 농사 짓는 농장이 많다고 한다. 장미꽃으로 비누, 향수 등을 만든다고 한다. 친구는 장미비누를 나에게 주었다. 그 비누를 사용하니 장미향이 나더라.

10) 에콰도르

남미의 에콰도르 산에는 크다란 선인장에 꽃이 피고 산크로섬이 있고 적도의 작은 국가 갈라파고는 별도로 다른 섬이고 그 섬에는 펭귄들이 살고 있다.

20. 끝내기

1) 제주도 정방 폭포(Junbang waterfall in jeju iland)

대학교 2학년 때 고등학교 친구 ACK와 함께 대구 공항에서 비행기를 타고 제주도에 놀러 갔다. 부산에서 재수할 때에 알게 된 제주도 친구가 있어서 구좌읍에 KNG의 집에서 잠을 잤다. 그 마을의 담은 검은 돌로 밭사이에 놓여저 있었다. NG는 여자 친구 한 명을 데리고 왔고 우리는 정방폭포 아래에서 시원한 수박을 나누어 먹었다.

그리고 제주도의 한라산으로 올라가는 등반도 하였다. 그의 친구 PYC는 공군사관학교에 입학하였다는 소식을 들었고 KHB는 서울에서 공인회계사 시험을 준비한다는 소식을 들었다.

2) 영화 - 아마겟돈

소행성이 지구로 날아오는데 미국의 우주비행사들이 큰 행성에 도착하여 75m의 드릴로 행성에 구멍을 파는데 프랑스 파리 인근에 행성이 떨어지고 그들은 계속 작업을 한다. 이름이 AJ라는 비행사 해리,

맥스 등 6명이 우주비행사로 작업을 하고 있다. 그들이 구멍 뚫는 곳을 우주비행사가 들어가고 작은 운석들이 떨어진다. 그 운석을 비행사들이 피하고 그루비는 운석에 맞고 베리도 죽고 계속해서 작업을 한다. 소행성에 구멍을 뚫는 데 성공하고 우주비행선이 이륙에 성공하고 우주선은 케네디 센터로 귀환하는데 7명이 귀환한다.

3) 모로코(Morocco)

아프리카 모로코에는 아틀라스 산맥이 있는데 차가운 바람을 막아주고 밥아그나누성벽이 있는데 12세기에 건설되었다. 차와 마차가 달리는 도로로 코우도우비아 모스크 사원이 있고 제마 엘프라는 광장이 있다. 그리고 재래시장이 있고 그곳을 보니 피리를 불면서 코브라를 춤추게 하는 중년의 수염이 긴 남자가 코브라를 다루고 있었다. 그곳에는 관광객들로 붐볐다. 점을 봐주는 사람도 있었다. 시장을 보니 박하잎이 진열되어 있었고, 올리브가 다양한 색을 띠면서 진열대에서 손님들을 눈길을 끌었다. 모로코에서는 9월에 올리브를 수확한다고 한다. 시장에는 화려한 여성 옷가게가 있었고 다양한 제품들을 볼 수 있었다. 바비아 궁전으로 들어가니 1990년도에 만들어졌고 그 안에 넓은 광장이 있고 하얀 벽과 지붕이 있었다. 기하학적인 무늬와 바나나 나무가 있었다. 비밀의 정원이라고 불리고 있었다. 이 정원에는 문이 있었다. 중앙에는 뜨거운 햇볕을 막아주는 천막이 있고 물이 흐르고 있는 정원, 올리브나무와 큰 대추나무가 정원을 아름답게 해주고 있었다. 무화과 나무와 석류나무도 볼 수 있었다. 즉 이슬람식 정원이었다.

4) 재치퀴즈(Wit Quiz)

1 2 3 4 5 6 7 8을 네 글자로 말하면?
――――――― 영구 없다

공통단어 퀴즈
끈, 책, 여행, 서류, 음식
――――――― 가방

5) 탄자니아

아프리카 탄자니아에는 망고가 나무에 열리고 아무나 나무의 열매를 먹는 사람이 주인이라고 한다. 그리고 망고를 먹는 것보다 망고 나무 잎에는 그늘이 있기 때문에 사람들이 나무 아래에서 쉰다고 한다. 그리고 탄자니아에는 공산품이 비싸다고 한다. 플라스틱으로 만든 제품이 4~5만원 한다고 한다. 그 나라에는 탄자미르라는 섬이 있다. 이곳은 관광객들이 많이 찾는다고 한다. 탄자니아의 부통령도 이 지역 출신으로 뽑는다고 한다. 커피도 유명하다고 한다. 탄자니아는 영국의 식민지였고 경상북도 청송에서 사과농사를 짓고 잇는 YYK가 탄자니아를 여행 다녀온 후에 나에게 들러 준 이야기를 적어 본다.

6) KSM

서울 현대고등학교 동창회에 들어갔었다. 물론 인터넷에 학교 홈페이지 안에 현대고등학교 동창회에 KCJ의 이름으로 로그인되었다. 그때 나는 그 학교가 남녀 공학이라는 사실을 알았다. KSM이라는 여자가 있는데 연세대학교 음악대학 교수라고 한다. 낮에 낮잠을 자는데 KSM 이름이 뇌리를 스쳐 간다. 그리고 가수 SM도 있는 것으로 알고 있다.

7) 총무 KJH

인터넷 현대고등학교 동창회에 들어가니 이름과 주소가 가나다라 순으로 적혀져 있었다. 총무가 6기이고 이름이 KJH이었다. 사진이 올라와 있는데 선글라스를 착용하고 주스를 빨고 있는 사진이었다. 그에게 서신을 보내니 나의 집으로 전화가 왔었다. 나는 졸업 후에 농촌으로 와서 산다고 하였다. 최근에 사진이 인터넷에서 본 것 같은데 자식 2명의 사진이 올라온 것을 보았다.

내가 가짜로 현대고등학교 동문회에 침투한 것은 16년 전의 일이고 그 이후로 현대고등학교 동창회는 찾을 수 없었다.

8) 책과 A4용지

언제인지 기억은 나지 않는다. 겨울인가 현대고등학교 동창회 회원명부를 진주세무서에서 프린트하여 철을 하여 보관하고 있었다. 나의 대학의 회원명부는 우편으로 오길래, 두꺼운 대학 회원명부 책과 이전의 직장 관련 서류와 군대에서 전역할 때에 받고 보관하고 있었지만 A4용지를 나의 마을 회관 앞에서 불에 태워버렸다. 하얀 종이를 소각하니 검은색 재가 남더라. 군대에서 본부중대에 방위가 있었는데 사용하다가 남는 문서는 소각시킨다. 그것을 단기사병들이 한다. 군대 안에서의 남는 문서는 쓰레기로 취급하지 않고 불에 태워서 보안을 확실하게 한다. 서울에서 신림동에 있을 때 보니 그곳에 작은 사찰이 있었는데 사찰에서도 종이를 태우는 것을 볼 수 있었다.

9) 꿈에(In Dream)

나는 가끔 꿈을 꾼다. 진주 제일여고의 KJH, 삼현여고의 JHJ, 경해여고의 JHS 등이 나의 집에 찾아오는 꿈을 꾸었다. 배우 김혜수가 우산을 들고 있는 꿈을 꾸었고, 중학교 남자 친구 LBC도 꿈에 나타나더라.

꿈보다 해몽이라고 한다. 꿈을 꾸면 담배를 피고 한참 후에 잠을 잘 수 있다.

KR과 그의 여동생의 소리를 들은 경우가 있다.

그리고 KTJ와 KYS가 나타났고 MKR 친구도 나타났다(2025년10월 7일 새벽) 그리고 KBS 아나운서 가애란을 꿈에서 만나다.

10) 밤에 비

입추가 다가오고 달력에 윤6월이 2번 겹치는 7월 초이다. 입추가 다가오고 이번주 토요일이면 말복이다. 낮에는 더웠다가 3일 동안 밤에 비가 내린다. 더위를 식혀주는 비이기도 하다.

11) 뉴질랜드

남반구에 위치한 뉴질랜드, 수도 오클랜드에서 버스로 1시간 가면 마타야사가 나온다. 영화 〈반지의 제왕〉의 촬영 장소로 유명하다. 잔디와 작은 나무, 동화 같은 정원이 보이고 그 영화는 봄에 촬영하였다고 한다. 2017년도에 제작되었다고 한다. 초록의 대문은 배긴스의 집이라고 현지 안내인이 소개해준다. 그 위에 나무가 서 있고 잔잔한 바람에 가지가 흔들리고 있었다. 집안을 보니 세트장 기능을 할 뿐 아무것도 없었다. 주변에 작은 연못도 보이고 집인 듯한 대문이 보인다. 빨간 대문은 호빗의 집이라고 한다. 영화에서 호빗은 발이 아주 크더라.

12) 친구 YKH

서울의 한 사찰에서 만난 YKH, 나와 나이가 같았다. 그는 신림12동인가 외진 동네에서 지하에 검도도장을 운영한 친구다. 나는 경찰 공무원 시험을 준비할 적에 그의 검도장에 등록하여 검도를 배웠다. 무술 1단에 가산점이 첨가되는 경찰 시험, 검도는 1단 획득이 어렵다고 그가 나에게 설명해주었다. 그래서 신림2동에 있는 태권도 도장에 다녔다. 군대 가면, 군화발 1단이라고 하는데 나는 군대에서 태권도 1단을 따지 못했다. 보직의 특수성 때문이었다.

13) 첫 만남은 계획대로 되지 않는다

어느 가수가 부르는지 확실하지 않지만 CS와의 만남이 쉽지 않다. 나보다 나이가 많은 친구의 언니인데…

14) 프랑스

프랑스에서 올림픽이 개최되었을 때 우리나라 축구 경기 응원을 하러 갔었다. 파리의 에펠탑 인근에 센강이 흐르고 교량을 건너니 난간에 자물쇠가 메달러 있었다. 남녀의 사랑의 표시라고 한다.

교외로 가면 라벤다 농장이 있었다. 라벤다 최대 산지인 프랑스, 6~8월에 보랏빛 꽃이 핀다고 한다. 라벤다의 향이 차문 사이로 흘러오고 쏘지역에는 라벤다 축제가 있다고 한다. 라벤다도 기후의 영향을 받아서 가물면 일찍 수확을 한다고 한다.

15) 영화 - 쇼생크 탈출

1947년도에 발생한 사건인데 유부녀를 강간사건으로 은행원 앤디가 교도소에 수감된다. 그 안에서 죄수가 자신의 범행을 죄수에게 이야기를 한다. 말이 전달되어 앤디의 귓가에 자신이 누명을 쓰고 교도소에 들어온 것이라고 다른 사람에게 인지된 주인공 앤디, 그는 교도소장의 사무실에서 회계담당일을 보게 되고 우연히 교도소의 벽에 글을 새기다가 벽이 허물어지는 것을 보고 벽을 파기 시작하고 돌은 교도소 운동장에 버린다. 흑인 배우 모건 프리먼도 출연하는 영화다.

교도소장의 구두를 신고 끈을 구하고, 그 이전에 그는 교도소에서 성폭행도 당하곤 했다. 나는 신림동에서 식사 후에 지인들과 비디오를 통해서 보았는데 TV 영화 채널에서 또 보았다. 고시촌이 서울대학교 옆 마을, 비디오 방이 아주 많았다. 오락실도, 보통 비디오를 보면서 시험에 대한, 장래에 대한 불확실성을 영화를 보면서 달래고 친구들과 어울리기 위해, 인간관계를 유지하기 위해 비디오를 보는 경우가 많다. 그래서 신림동에서 공부 안 하는 사람이 많다.

결국 이 영화에서 교도소장의 예금을 자신이 찾아가고 교도소장은 검사가 오자 극단적인 선택을 한다. 1966년도에 발생한 사건을 영화화한 것이다. 미국 영화에서는 교도소 관련 영화를 다수 볼 수 있다. 교도관들에 대한 편견을 일으킬 수 있을 수도 있다.

16) 시밀란 군도

태국의 관광지 푸켓에서 배를 타고가면 작은 섬이 나온다. 그 섬에 가니 개를 16마리 기르는 여자가 있었다. 나도 개와 하천에서 수영을 했다. 처음에는 개가 약했는데 수영을 시키니 개들이 강해졌다고 말을 한다. 그 여자는 버려진 개들을 돌보고 있었던 것이다.

그 주변에 탑라무진이라는 섬이 있다. 외국 관광객들이 많았다. 나는 작은 배를 타고 갔다. 시밀란 군도는 작은 섬들로 이루어 있고 태국 왕실의 소유라고 한다. 하루에 4,000명의 관광객이 찾는다고 한다. 해안가에 사람들로 가득했다. 더운 지역이라서 수영을 하고 있는 사람들로 바닷가로 가득찼다. 그 주변에 세일락이라는 바위가 유명했다. 내가 보기엔 평범한 바위더라.

17) 서호주 3

카나라나 국립공원으로 가는 고속도로로 가니 미국 영화에서 볼 수 있는 큰 트럭을 볼 수 있었다. 주변에 광산이 있어서 거대한 장비를 싣고 가는 트럭이 보이고 계속 가니 브룸시가 나오는데 나는 케이비치 해변을 걸었다. 호주 여성의 이름을 영어로 물어보니 루이자라고 한다. 그녀는 원반을 던지면서 반려견을 훈련시키고 있었다. 그녀는 선글라스를 쓴 채로 매일 이곳에 와서 수영을 한다고 한다.

그리고 낙타를 타고 해안가를 구경하는 관광 상품도 있더라. 와~ 호주에도 낙타가 있는 것에 놀랐다. 그리고 45분 가량 가니 진주 농장을 갔다. 농장의 관리인이 큰 조개를 쪼개니 작은 게가 그 속에서 있고 조개 속에서 단단한 탄산칼슘이 나중에 진주가 된다고 설명하였다. 자연에 의해 만들어진 진주, 진주목걸이를 파는 가게에 사람들이 북적이고 사는 사람들도 있더라.

18) 인천 차이나타운

인천광역시 중구에 있는 차이나타운에 가서 중화요리 식당에 들어갔다. 식당 주방을 들여다 보니 탕수육은 으깬 두부와 볶은 콩에 3시간정도 숙성시킨 돼지고기로 탕수육을 만든다고 사장이 설명해 주었다. 그 속에 마늘 넣고 "탁탁"소리가 나면서 탕수육을 접시에 담는 것이었다. 그리고 기름을 빼고 유니 짜장면을 먹었다. 신흥동에 있는 차이나타운의 점심식사를 하였다.

19) 동부 말레이시아

말레이시아 수도 쿠알라룸푸르에 도착한 후 보르네오 섬에 있는 말레이시아의 또 다른 영토가 있다. 그 섬은 인도네시아와 국경을 접하고 있다. 따와우라는 도시에 도착하였다. 그리고 여행정보책에서 본 따와우힐 국립공원으로 갔다. 정글속으로 된 숲으로 들어온 것이다. 나는 담배를 한 개비 피었다. 반바지 차림을 한 나, 아주 더운 날씨 더라. 분홍색 차두르를 하고 지나가는 말레이사의 여인들의 모습은 인상적이었다. 계곡을 걸어가니 강에서 수영하는 사람들이 보인다. 시내에서 관광버스로 30분 거리에 있는 공원이다. 물론 국립공원이기에 입장료를 받는다. 공원에는 닭고기를 구워 먹는 사람을 볼 수 있었다. 닭 내장 구이와 닭 날개에 카레를 바른 닭 요리였다. 배낭을

메고 산길을 걸었다. 세계에서 가장 큰 나무가 이곳에 있다고 한다. 88.3m라고 하는데 아주 웅장하고 고개를 위로 올려봐도 나무 전체를 볼 수 없었다. 나무는 굴곡되어 하늘을 향해 있었다.

20) 캄보디아 엿보기

캄보디아에는 모레리캉켑산이 있다. 나의 고등학교 친구 KJH가 인도네시아에 사는데 캄보디아의 그 산의 정상에서의 구름이 볼만하다고 하여 그와 함께 갔다. 우리는 산의 평지에다 텐트를 치고 라면을 먹고 잤다. 새벽에 주변의 풍경을 보니 구름이 잔잔히 흩어져 보이고 현지인들은 구름바다라고 표현하고 있다고 한다. 지역주민인 이름이 쁘록이라는 사람과 그가 기른 토종닭에다가 특이한 향이 나는 소스를 바르고 불에, 현지에서 나무를 모아서 불을 피우더니 밥을 하고 닭요리를 불에다가 40분 동안 바비큐를 만들더니 우리에게 먹어 보라고 하여 먹어 보니 달콤한 맛의 부드러운 닭고기였다. 이 지역은 이렇게 구름바다를 구경하고 바비큐를 먹는 것이 캠핑의 절정이라고 한다.

21. 여인

1) XXXX호

서초구 잠원동 210동 XXXX호 지워야 할 아파트이다. 같은 대학의 학부와 대학원생이 만났다. 그녀의 학부 졸업앨범을 도서관에서 확인했다. 졸업앨범 뒷면에 그녀의 집 주소가 있었다.

나는 그녀에게 서신을 보냈다. 편지를 보낸 후 만남을 거부하는 그녀, 그녀의 집 앞에 찾아가도 만나지 못했다. 그녀를 알게 된 단체에도 그녀는 나오지 않았다. 아파트에 경비가 있고 서신을 보낸 후 그녀와 커피 한잔도 못 한 것이다. 수없이 그녀의 아파트 앞을 서성거리고 기다렸지만 강남지역의 아파트라서 그런 것인지 ….

2) 편지는 쓸 게 못 되더라

고등학교 다닐 때에 어버이날에 처음으로 편지라는 것을 적어 본 것 같다. 그래서 초등학교 은사인 CH 선생님께 한 번 보낸 것이 기억난다.

20대에 그녀를 알게 되어 그녀의 집으로 서신을 천 통 가량 보냈지만 만남이 없었다.

어떤 친구는 편지는 안 통한다고 말을 하는 이가 있었다. 그 사람의 말이 맞는 것 같았다. 답장도 받지 못했다. "가을에는 편지를 하겠어요"라는 노래의 가사가 생각나지만 요즘은 우체통과 우체국을 찾기 어려워진 세상이 되어 버렸다.

손 편지, 아나로그식 애정표현은 안 통한 것이다. 사람에 따라서 다르겠지만 내가 경험한 것은 서신은 쓸 게 못 되더라. 나는 그 휴유증을 겪었다. 전화기와 컴퓨터의 이메일이 있는 첨단 IT강국에서 손으로 쓰는 편지는 큰 효과를 보지 못하는 것은 당연한 결과인 것 같다. 농촌 지역에서의 문구점과 우체통이 사라지면서 빨강 우체통을 기억하는 젊은이들이 있을 리가 전무하리라고 생각한다.

3) XXX호

우리는 중학교 친구지만 서로 중년이 되어서 문자를 주고받고 자주 만나니 좋아지는 여자가 KJH다. 그녀의 아버지는 초등학교 교사였다고 한다. 면사무소 주변에 있고 그녀의 친정을 가끔 지나간다. 그녀의 친구인 JHJ와 미국 하와이로 이민 간 KMO도 그녀의 친구인데 중학교 시절에는 그녀의 단짝에 관심이 갔다. 결혼을 한 그녀에게 농산물을 택배로 보냈기에 주소를 알고 있다. 근래에 전화가 되지 않고 카톡에도 없어서 이상이 있나 싶어서 그녀가 사는 진주시 OO아파트 XXX호로 찾아가니 XXX호가 없더라. 아파트 주민에게 물어보니 1층의 저 집이 맞다고 한다. 신축 아파트인데 주소로 집 찾기 어려운 아파트이더라.

4) 그리운(생각나는) 후배

나는 고등학교를 남자들이 다니는 고교를 나왔다. 시골로 귀농을 한 후 생각나는 여자가 KSM이다. 많은 후배 중에서 만남이 있었기 때문이다. 대학 다닐 때에 집에 왔다가 진주로 가는 버스를 타고 가는데 그 당시에는 버스에 손님이 많아서 서서 갔다. 신안면 소위마을의 버스 정거장에서 버스가 섰다. 한 여자가 버스를 승차하는 것이었다. 오른쪽으로 고개를 돌리니 그녀였다. 내가 그녀를 아니 그 여자는 "어떻게 저를 아세요" 한다. 나도 언제 그 여자를 알았는지는 기억이 나지 않는다. 중학교 시절 만난 기억도 없다. 누군가가 학교 다닐 때에 "저 애가 KBS 선생의 딸"이라고 가르쳐준 것 같다.

버스 안에서 그녀는 대학에서 회계학을 전공한다고 하였다. 그것이 그녀와의 만남이었다. KSM 마을에 사는 KJH라는 후배가 있었다. 단계에서 가끔 만났는데 KSM와 사촌이라고 한다. 서울에 사는데 딸을 3명 두고 있다고 한다.

  나는 단계초등학교 총동창회에 2년 전에 갔었다. 그런데 이름이 적혀진 그녀는 예전과 다른 외모였다. 어떤 후배의 말에 의하면 호주로 갔다는 말을 하더라. 그녀의 어머니는 돌아가셨지만 아버님은 그녀의 친정에 살고 있고 그녀의 할머니도 살아 계신다고 한다.

5) 유선전화기와 무선전화기

  전화기는 유선이 먼저였다. 그러다가 삐삐라는 것이 생기어 그것을 우리는 가지고 다니다가 삐삐를 치면 공중전화기에 가서 전화를 한다. 그 당시에 외국의 회사 모토레라 회사의 무선 전화기가 보급되면서 전화기, 즉 통신업계의 발전과 011, 017, 019 등 작은 통신 회사와 대기업이 난립하는 춘추전국시대를 맞는다. 현재의 010은 모든 통신 회사가 공통으로 쓰고 있다. 스마트폰의 보급으로 전보통신 분야의 발전을 가져오고 있다. 스마트폰으로 검색하고 젊은 세대들은 스마트폰을 통하여 게임과 영상 등을 즐긴다. 대기업인 삼성(Samsung)이 스마트폰을 제조하고 해외로 수출하고 있다. 컴퓨터 단말기 앞에서 하던 것을 핸드폰에서 정보를 수집하고 SNS(Social network service)를 통하여 인간관계를 맺는다. 가정이나 사무실에서의 전화기인 유선전화기는 한국통신(KT)이 독점하고 있는 실정이고 스마트폰의 보급으로 각 가정에서의 유선 전화기에 대한 의존도가 점점 낮아지고 있다.

6) 통신보안

내가 군대생활을 하던 1990년대에는 무선전화기가 없었다. 이제 막 컴퓨터가 보급되기 시작한 시기였다. 전화기는 공중전화기에서 전화를 하였다. 동전이나 전화카드를 사용한 것이다. 군대에서 전화를 받을 때 "통신보안"을 말한다. 통신에도 보안이 있었던 것일까? 망자의 전화번호로 전화를 해보면 신호가 가는 경우가 있다. 유선전화기로 전화를 걸 경우와 무선전화기로 전화를 할 경우가 다름을 알 수 있다. 첨단 장비가 스마트폰 속에 내재되기에 가격도 고가이다.

7) KTS

KTS는 군대 후배이다. 그는 비서실에 근무한 후배인데 내가 다니던 대학의 경영학과를 다니다가 군대에 온 녀석인데 157기이다. 대구 사람이고 학번은 나와 같다. 비서실은 직감생활을 한다. 그들은 사령부에서 작은 숙소에서 잠을 자고 아침은 비서실에서 나오는 간단한 음식을 먹고 점심과 저녁은 사병들의 식당에서 식사를 한다. 군대 전역 후에 가끔 학교에서 만났고 예비군 훈련받을 때 만나고 한 군대 후배이다. 내가 신림동에서 공부할 때에 대학 졸업 논문을 그 녀석에게 부탁을 하였다. 서울에 면접 보러 왔을 때 서울에서 만났다. 학교에서 그녀의 여자친구를 보았고 그 녀석 결혼할 때에 축하하러 참석을 하였다. 인물이 좋았던 그 녀석은 대구 지역의 건설회사에 다니다가 은퇴를 한 후 경북 청도에서 농사를 짓는다는 소식을 접한다. 카톡을 보니 딸은 대구여고를 졸업하고 아들은 키가 크던데….

언제부턴가 연락이 끊겼고 꿈에 그놈을 본 것이다. 사는 지역은 대구시 달서구의 단독주택이더라.

8) 100만 원

군대에서 특기가 사병들에게 중요하다. 공군은 입대할 때에 필기시험과 체력시험을 본다. 군대에 들어간 후에 특기분류를 위해 영어시험을 본다. 영어를 잘하면 관제사에 근무하면 특기가 좋다고 하고 헌병대대의 훈련견 사병 그리고 보일러 특기가 좋은 특기, 총무 그리고 보급 특기가 좋다는 이야기를 듣고 입대를 한 것이다.

진주시외버스에서 내고마을에 사는 선배를 군대 선택 전에 만났는데 커피숍에서 그 선배의 말로는 "공군 예천의 비행장에서 근무하였는데 시끄러워서 노이로제가 걸렸으니 공군은 가지 말라"고 권했다. 그리고 "단계마을의 KDS 선생의 아들이 자기 부대에 들어왔는데 자기보다 학교 선배라고"하면서 공군 입대를 반대를 하더라.

나는 공군에 아는 형님이 있어서 입대를 하고 특기는 총무특기를 받았다. 그리고 보직도 인사행정처의 체송병으로 군 생활한 것이다. 제대 후에 아버지께서 니가 군대 특기와 보직 받는 데 100만원을 주었다고 말을 하셨다.

그리고 내가 행정처에 근무를 하면서 인사처의 후배에게 볼일을 보러 가니 연필을 지우개로 지우고 문서를 만들고 있었다. 특기를 분류할 때에 연필로 적어낸다. 군대는 총기를 사용하므로 소위 아는 사병을 자신의 부대에 배치시키는 것이 군대라고 생각이 든다. 즉 연고가 있어야 되는 것이 군대라고 생각이 들었다.

9) 영화배우 – 모건 프리먼

흑인 영화 배우로 다소 노년층에 가까운 나이로 보인다. 영화 〈쇼생크 탈출〉에서 조연으로 등장을 한다. 그리고 영화 〈세븐〉에서 유명한 미국의 배우, 브래드 피트와 호흡을 맞추는 경찰로 나온다. 또한 영화 〈아웃 브레이크〉에서 군인으로 대통령의 긴급 명령을 전하는 방송을 하는 군인으로 나온다. 그의 얼굴에는 검은 점이 보이는 것이 특징이다.

10) 영화 – 잭 리처2 : 네버고백

미국의 영화배우 톰 크루즈(Tom cruise) 주연의 〈잭리처2〉는 미국 육군 헌병인 리처(톰 크루즈 역)와 101 부대의 헌병이 스파이 혐의로 수사받고 있다. 그녀는 자신의 무죄를 입증하기 위하여 전직 아프가니스탄에서 근무했던 프로덤 병장을 찾는데 그는 한 도시의 슬럼가에서 마약을 복용하고 있다. 군대 수송대 경비로 근무하였던 그는 각종 서류를 조작하였다고 고백한다. 그를 데리고 가는데 괴한에 의해 그가 살해되고, 한편 4성 장군의 지휘하에 두 사람이 포위된다. 그녀는 장군의 비리를 수사하는 헌병대대의 수사관인데 결국 무기를 개봉하여 무기 안에서 아편을 발견하게 된다.

한편 미국의 헬로윈 축제가 열리는 시기였다. 리처의 딸 샘이 괴한들에 의해 납치된다. 그녀를 구한 리처는 자신의 딸이 자신의 친딸이 아니라고 말을 한다.

딸의 이름이 가끔 사만다로 불리기도 한다. 각종 가면과 괴짜 같은 가면을 쓰고 축제가 잠시 영상에 잡힌다. 결국 그 여자 헌병은 부대로 복귀한다.

그런데 이 영화의 옥탑방에 우리나라 LG의 에어컨을 볼 수 있었다.

영화 〈미션 임파서블〉시리즈가 8편인가가 올해 초에 한국에 개봉되었다. 그리고 〈우주전쟁〉 등에서 열연하였던 톰 크루즈는 실제로

달리고 폭행을 당하고 몸을 아끼지 않는 연기를 하는 배우이다. 그는 26살의 연하와 살다가 최근에 결별한 것으로 알려져 있다.

편지는 쓸 게 못 되더라

초판 발행 2025년 11월 17일

지은이 황종우
펴낸이 방성열
펴낸곳 다산글방

출판등록 제313-2003-00328호
주소 서울특별시 마포구 동교로 36
전화 02-338-3630
팩스 02-338-3690
이메일 dasanpublish@daum.net
　　　iebookblog@naver.com
홈페이지 www.iebook.co.kr

ⓒ 황종우 2025, Printed in Korea

ISBN 979-11-6078-378-0 03810

* 이 책은 저작권법에 의해 보호받는 저작물이며, 저자와 출판사의 서면 허락 없이
　내용의 전부 또는 일부를 인용하거나 발췌하는 것을 금합니다.
* 제본, 인쇄가 잘못되거나 파손된 책은 구입하신 곳에서 교환해 드립니다.
* 책값은 뒤표지에 있습니다.